何以为父

HE YI WEI FU

以爱之名，传承父子情深

李昆仑◎主编

黄河出版传媒集团
阳光出版社

图书在版编目（CIP）数据

何以为父 / 李昆仑主编. -- 银川：阳光出版社，2025.2. -- ISBN 978-7-5525-7498-2

Ⅰ.G78

中国国家版本馆CIP数据核字第 2024AH8350 号

何以为父

李昆仑　主编

责任编辑　贾　莉
封面设计　君阅书装
责任印制　岳建宁

黄河出版传媒集团　阳光出版社　出版发行

出 版 人	薛文斌
地　　址	宁夏银川市北京东路139号出版大厦（750001）
网　　址	http://ssp.yrpubm.com
网上书店	http://shop129132959.taobao.com
电子信箱	yangguangchubanshe@163.com
邮购电话	0951-5047283
经　　销	全国新华书店
印刷装订	三河市华阳宏泰纸制品有限公司
印刷委托书号	（宁）0030621

开　　本	787 mm×1092 mm　1/16
印　　张	12
字　　数	120千字
版　　次	2025年2月第1版
印　　次	2025年2月第1次印刷
书　　号	ISBN 978-7-5525-7498-2
定　　价	56.00元

版权所有　翻印必究

目录

积极准备：迎接为人父的挑战……………………………001

从出生到婴儿期：初为人父的喜悦与困惑……………018

学步期：引导孩子探索世界的第一步…………………029

童年早期：建立父子间的游戏与学习桥梁……………043

童年中期：培养孩子的独立性与责任感………………057

青春期前期：预见风暴的来临…………………………073

青春期：在叛逆与寻求认同间导航……………………081

成年早期：从依赖到独立的转变………………………094

成年中期：建立成年父子间的平等对话·················· 109

成年后期：智慧应对中年之路························ 119

老年期初期：为退休生活做准备······················ 132

老年期中期：父子角色的微妙转变···················· 147

老年期后期：共同面对生命的终点···················· 167

结语：父爱的永恒影响····························· 177

积极准备：
迎接为人父的挑战

和男孩成长为男子汉一样，成为一个父亲同样充满挑战。我们深知，"父亲"这一身份往往被简单地与一个狭隘的、客观的事件相联系——当男人的伴侣生下他们的孩子时，人们便认定他已成为父亲。这种定义看似简单，实则过于片面。事实上，成为父亲的过程在妻子怀孕之时就已悄然开始。

遗憾的是，社会普遍倾向于将怀孕视为母亲独自承担的任务，我们高度关注她孕期的独特体验，并深信母亲在心理和生理上为怀孕所做的准备会对宝宝产生深远的影响。这些观点正确无疑，然而，若我们忽略了一个男人在妻子产前所付出的准备与努力，认为这些对宝宝的影响微不足道，那便是极大的误解。

事实上，一个男人与孩子的关系，早在孩子出生前就已悄然建立。一个父亲的存在，对妻子的孕期体验和孩子的最终降生都有着不可估量的影响。此外，妻子的怀孕同样会对准父亲本人产生诸多意想不到的影响，使他在妻子十月怀胎的过程中，与妻子共同经历许多重要的个人体验。

因此，我们必须认识到，"成为父亲"并非一蹴而就的简单事件，而是一个漫长、微妙且

极为复杂的发展过程。它涉及情感的深化、责任的承担和角色的不断转变。在这个过程中，父亲需要不断学习和成长，才能更好地陪伴孩子走过人生的每一个阶段。

✷ 心态的蜕变：从准父亲到父亲

当妻子手中拿着确认怀孕的检验报告，脸上洋溢着幸福的微笑时，对于每一位准父亲而言，那无疑是一个激动人心的时刻。

从那一刻起，他即将踏上从准父亲到真正父亲的转变之旅，这是一个充满挑战与成长的过程。

这种身份的转变，并非仅仅是称谓上的变化，它更是一场深刻的心态与责任感的蜕变。准父亲们开始意识到，他们将承担起一个新生命的成长与未来，这是一份无比重

要且充满荣耀的责任。他们开始深入思考为人父的真正意义，认识到除了物质上的保障，更重要的是给予孩子精神上的引领和支持。

为了更好地迎接新生命的到来，准父亲们开始积极准备，努力提升自己。他们学习如何与孩子沟通，如何理解孩子的需求和想法；他们探索教育方法，希望引导孩子树立正确的价值观和人生观；他们努力成为孩子的榜样，让孩子从他们身上学到如何成为一个有品德、有能力的人。

这种心态的转变也促使准父亲们重新审视自己的生活。他们开始更加努力地工作，为孩子创造一个更好的成长环境；他们更加注重自己的言谈举止，希望为孩子树立一个积极的榜样；他们更加珍惜与妻子相处的时光，与妻子共同为孩子的成长营造一个温馨和谐的家庭氛围。

然而，这种转变并非一帆风顺。准父亲们也会感到焦虑、不安和担忧，担心自己是否能够胜任父亲这个新的角色，是否能够给予孩子最好的教育和陪伴。但是，他们知道，这些担忧和不安正是成长的动力，是推动他们不断前进的动力。

随着时间的推移，准父亲们逐渐适应了这种身份的转变，开始享受与妻子一起为孩子的到来做准备的时光，开始期待与孩子共同创造的美好回忆。他们意识到，这是一个全新的开始，是一段充满挑战与成长的旅程。

因此，对于每一位准父亲而言，心态的蜕变是成为真正父亲的必经之路。只有经过这次蜕变，他们才能更加成熟、更加自信地迎接新生命的到来。

❋ 物质的筹备：为孩子筑造一个温馨的家

在孩子即将降临的喜悦中，每一位准爸爸都深知，作为家庭的新成员，孩子的到来不仅意味着情感上的丰富与深化，更代表着物质上的责任与准备。一个安全、舒适、温馨的家，是每一个孩子成长的摇篮，是他们探索世界、建立自我认知的起点。

在筹备孩子的物质环境时,准爸爸们需要从多个方面进行细致考虑。首先,为孩子准备一个专门的房间是至关重要的。这个房间不仅是孩子休息和玩耍的地方,更是他们建立自我空间、培养独立性的重要场所。从房间的色调选择到家具的摆放,每一个细节都需要精心策划。柔和的色调、环保的涂料、圆角设计的家具,这些看似简单的元素,却蕴含着对孩子安全与健康的深深关怀。

除了房间的布置,婴儿用品的选购也是准爸爸们必须面对的重要任务。从奶粉到尿布,从衣物到玩具,每一项都关乎孩子的日常生活和成长。准爸爸们需要研究各种产品的材质、功能、安全性,以确保为孩子提供最优质的用品。同时,他们还需要考虑这些用品的实用性和耐用性,以满足孩子在不同成长阶段的需求。

当然,孩子的未来规划也是准爸爸们不可忽视的一部分。他们需要与妻子一起,为孩子制订一个全面而科学的教育计划。这个计划不仅包括孩子在学校的学习,还包括他们的兴趣爱好、特长技能等方面的培养。

准爸爸们需要了解不同年龄段孩子的成长特点和教育需求,为他们提供合适的教育资源和环境。他们可以通过阅读育儿书籍、参加育儿讲座等方式,提升自己的育儿能力,为孩子的成长打下坚实的基础。

在为孩子选择学校时,准爸爸们需要慎重考虑。他们可以通过了解学校的办学理念、师资力量、教学设施等方面,来评估学校的教学质量。同时,他们还需要考虑学校与家庭的距离、学校的课程设置等因素,以确保孩子能够在最适合自己的环境中学习和成长。

在物资筹备的过程中，准爸爸们可能会遇到各种困难和挑战。但正是这些挑战，让他们更加深刻地体会到作为父亲的责任和担当。

✦ 情感的凝聚：与妻子共筑爱的港湾

在妻子怀孕的这段特殊时光里，每一位丈夫都会深切地感受到与妻子之间情感的凝聚与升华。这不仅仅是一个生理过程，更是一个充满爱与情感交流的精神旅程。

他们共同为即将到来的新生命筑造一个爱的港湾,让家成为充满温暖与幸福的地方。

首先,让我们从日常生活的点滴细节中探寻这种情感的凝聚。在妻子怀孕期间,丈夫们会发现自己变得更加细心和体贴。他们会在清晨为妻子准备一杯温热的牛奶,会在傍晚陪伴妻子漫步在公园的绿荫小道上。这些看似微不足道的小事,却蕴含着深深的爱意和关心。

除了生活上的照顾,丈夫们还会在情感上与妻子进行更加深入的交流。他们会认真倾听妻子的心声,理解她的情绪和需求。当妻子因为身体的不适而情绪低落时,他们会用温暖的话语和拥抱给予她支持和安慰。这种情感的交流不仅加深了彼此的了解,也让他们的感情变得更加深厚。

在妻子怀孕期间,丈夫们还会共同参与到孕期的各种活动中。他们会一起参加产前检查,了解宝宝的健康状况;一起参加孕妇瑜伽课程,帮助妻子缓解身体的疲劳和不适;一起准备宝宝的房间和用品,为宝宝的到来做好充分的准备。这些共同经历不仅增强了他们之间的默契和信任,也让他们的家庭关系更加和谐融洽。

同时,丈夫们还会为妻子提供精神上的支持和鼓励。他们会告诉妻子,无论遇到什么困难和挑战,他们都会一直陪伴在她身边,共同面对。这种坚定的支持和信任让妻子在孕期中感到无比安心和幸福。

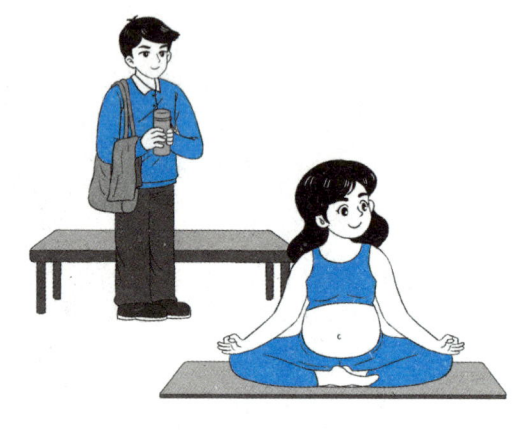

此外,丈夫们还会在孕期中学会如何更好地照顾妻子和即将出生的宝宝。他们会学习育儿知识,了解如何为宝宝提供最好的照顾和教育;他们会学习如何调整自己的工作和生活节奏,以便更好地适应家庭生活的变化。这些学习和成长不仅让他们成为更优秀的父亲和丈夫,也让他们的家庭生活更加充实和美好。

在妻子怀孕期间,丈夫们与妻子之间的情感联系变得更加紧密。他们共同经历着孕期的喜悦和挑战,共同

期待着新生命的到来。这种情感的凝聚不仅让他们更加珍惜彼此,也让他们更加坚定地为家庭付出和努力。

✳ 生活的调整:为新生命让路

随着孕期的推进,每一位准爸爸都会意识到,自己的生活方式需要进行相应的调整,才能更好地适应新生命的到来。这种调整不仅仅是为了孩子,也是为了家庭的和谐与幸福。在这段特殊的时期,准爸爸们会在作息、锻炼、工作与家庭平衡等多个方面作出努力。

首先,作息习惯的调整是至关重要的。过去,许多准爸爸可能习惯了晚睡晚起的生活方式,但孕期的到来让他们意识到,规律的作息对宝宝的健康发育至关重要。因此,他们开始调整自己的作息时间,尽量保证每天早睡早起。这样的作息习惯有助于准爸爸们保持充沛的精力,也为宝宝提供了一个良好的胎教环境。

除了作息，锻炼也是准爸爸们不可忽视的一部分。他们深知，一个健康的身体是育儿的基础。因此，许多准爸爸开始制订锻炼计划，包括定期的跑步、游泳等。

然而，工作与家庭的平衡往往是准爸爸们面临的最大挑战。在这个特殊时期，许多准爸爸开始重新审视自己的工作方式和生活态度。他们开始减少加班和出差的频率，尽量将工作时间安排在白天，以便晚上能有更多的时间陪伴妻子。同时，他们也学会了更加高效地利用工作时间，以便在有限的时间内完成更多的任务。

在调整生活方式的过程中，准爸爸们还会发现，自己对家庭的珍视和期待也在不断增加。他们开始更加珍惜与妻子共度的每一刻时光，无论是简单的晚餐还是周末的短途旅行，都成为他们珍贵的回

忆。同时，他们也开始期待与宝宝共同创造的美好未来，想象着与宝宝一起成长、一起探索世界的场景。

这种生活的调整，看似简单，实则蕴含着深刻的意义。它不仅仅是准爸爸们为了迎接新生命而作出的努力，更是他们为了家庭幸福而付出的实际行动。通过这些调整，准爸爸们不仅能够为宝宝创造一个更好的成长环境，也能够与妻子共同度过一段美好的时光，增进彼此之间的感情。

在未来，这些调整将成为准爸爸们日常生活中的一部分。他们将继续保持良好的作息和锻炼习惯，努力平衡工作与家庭的关系。他们也会更加珍惜与家人的相处时光，为宝宝的成长和家庭的幸福付出更多的努力。

总之，生活的调整是为了新生命的到来而作出的重要准备。每一位准爸爸都应该认识到这一点，并积极行动起来。通过调整自己的生活方式和态度，他们不仅能够为宝宝创造一个更好的成长环境，也能够为自己和家人带来更多的幸福和快乐。希望每一位准爸爸都能够珍惜这个特殊的时期，为迎接新生命的到来做好充分的准备。

随着妻子怀孕的日子逐渐临近尾声，每一位准爸爸的心中都不禁充满了期待与憧憬。他们期待着那个崭新生命的到来，期待着能够亲自见证孩子成长的每一个精彩瞬间。同时，他们也对未来充满了美好的憧憬，期待着与孩子共同创造无数难忘的回忆。

❋ 期待与憧憬：迎接未来的幸福时光

期待，是一种深深的渴望与向往。对于准爸爸们来说，期待孩子的到来，就像是期待着一场奇妙的冒险旅程的开始。他们想象着孩子第一次睁开眼睛时的模样，想象着孩子第一次学会走路时的喜悦，想象着孩子第一次叫"爸爸"时的感动。这些美好的瞬间，将成为他们生命中最珍贵的回忆，让他们感受到为人父的喜悦与责任。

憧憬，则是对未来的美好规划与期待。准爸爸们憧憬着与孩子共同创造的美好未来，期待着与孩子一起探索这个丰富多彩的世界。他们想象着与孩子一起欣赏美丽的风景，一起品尝美食，一起分享生活的喜怒哀乐。他们期待着能够成为孩子的引路人，引导他走向正确的人生道路，帮助他建立起正确的人生观和价值观。

为了实现这些美好的期待与憧憬，准爸爸们需要付出更多的努力和学习。他们需要不断提升自己的育儿知识和技能，以便更好地照顾和教育孩子。他们需要关注孩子的成长需求，了解他们的内心世界，给予他们足够的关爱和支持。同时，准爸爸们也需要与妻子携手共进，共同为孩子的成长创造一个温馨和谐的家庭环境。

在这个过程中，准爸爸们还需要时刻提醒自己，作为父亲的责任与担当。他们不仅需要在物质上为孩子提供充足的支持和保障，更需要在精神上成为孩子的坚强后盾。他们需要用自己的言谈举止为孩子树立榜样，让他们从父亲身上学到如何成为一个有品德、有能力的人。

此外,准爸爸们还应该珍惜与妻子相处的时光,共同为家庭的幸福而努力。他们可以一起参加育儿课程,一起讨论孩子的成长问题,一起制订家庭计划和目标。在相互支持和相互鼓励中,他们不仅能够增进彼此之间的感情,也能够为孩子的成长创造一个更加美好的家庭氛围。随着期待与憧憬的交织,准爸爸们将迎来人生中最美好的时光——与孩子共同成长的岁月。

总结

每个男人,在迎接孩子降生、面对新生活挑战的时刻,都会表现出各自独特的反应。诚然,我们目睹了部分人在新角色、新期待面前感到难以适应。然而,更多的男性以坚定的意志和决心,勇敢迎接准爸爸角色的挑战。在这个过程中,他们不仅发现自己的人格更加完善,更为儿女未来的健康成长奠定了坚实的基础。在此关键阶段,那些能够敏锐认识自己内心焦虑,并学会运用建设性的方式去缓解和涵容这种焦虑的男人,日后更有可能与孩子们建立起积极、亲密的亲子关系。他们通过自我反思和学习,为成为更好的父亲铺平了道路,也为自己和家庭的幸福创造了更多可能。

迎接为人父的挑战

期待与挣扎

李成35岁之际,他34岁的妻子丽娜怀上了宝宝。

在丽娜的鼓励下,李成开始正视自己的恐惧和不安。

从出生到婴儿期：
初为人父的喜悦与困惑

对众多父亲而言，目睹新生命的诞生，即临盆之际，无疑是一次深刻而奇妙的体验。历经九个月的期盼，当宝宝终于降临人世，那份拥抱、抚触、喂养与疼爱的感觉，实在难以用言语形容。

新生命的诞生，其震撼与神奇，常超乎父亲的想象，特别是初为人父者，有人视新生命如神明般敬畏，有人则因之激动得战栗。然而，这份情感很快便会被屎、尿、奶、哭的现实所替代，超凡的感触尚未

消散，便已被拉回尘世，开始平凡的育儿生活。

在孩子生命的起始阶段，不论性别，父亲都会倾注全部情感。新生儿身上若有父亲的印记，这位父亲便会将自己的影子投射到孩子身上，将孩子视为理想化的存在。他认为孩子独特非凡，与自己期望与众不同的部分如出一辙。这种养育之情虽略显浮夸，却使父亲深刻感受到与子女间充满激情的纽带。

父亲在孩子成长中的参与度和质量对孩子的发展至关重要。同样，这些幼小、脆弱的小生命也会深深触动他们。许多男性在扮演"月嫂"角色的过程中，会意识到他们有机会发掘那些被忽视的内在特质，甚至重新整合那些曾被舍弃的人格部分，实现自我成长与升华。

✱ 足够优秀的父亲

天生的父爱固然存在，多数男性都具备使父子关系互惠互助的潜能。然而，要发挥父性中的优势并非易事，即便有本能作为基础。无论这源于生物学、社会学还是二者交织，男人与女人确实存在差异。男性需要通过不断  地学习和实践，才能逐步成长为一个负责任的父亲，并将这份智慧传授给下一代。遗憾的是，社会往往更颂扬"母性"这一先天特质，而"父性"要赢得赞誉，通常需通过后天不懈地养育努力来获得。

积极参与孩子的生活，是父亲与孩子情感纽带的关键。这种参与不仅仅是换尿布或参与学校活动，而是关乎孩子内心世界的丰富与情感体验的深化。为此，父亲需  深入自己的内在世界，如情感、冲动、信念等，并为此赋予价值。通过深刻体验和领悟后，父亲将获得理解力，进而开始真正认识孩子的主体性。若父亲愿以这种方式直面真实的自我,他便有望成为"足够优秀的父亲"。

一个"足够优秀的父亲"不仅擅长引导和协助孩子调节情绪,以掌握生活的主动权,同时也鼓励孩子勇敢地迎接世界的各种挑战。在孩子经历生命中的艰难时刻,如失落、挫败与失望时,这样的父亲更能发挥其作用。他帮助孩子将这些困难转化为成长的动力,而非阻碍其前进的障碍,使孩子能够在风雨中更加坚韧地成长。

"足够优秀的父亲"这一形象并非遥不可及的理想,而是可以通过父亲的自主选择和持续努力逐步实现的。无须过度追求完美,每位父亲只需努力让自己和孩子们成为各自最好的模样,这便足够了。

在追求成为优秀父亲的道路上,男性往往会发现自己更加富有同情心、敏感脆弱且容易信任他人——这些特质常被世俗贴上"女性化"标签。在过去,那时的男性会刻意回避或否认这些特质,担心会损害自己作为成功男性的形象。

然而，成为父亲后，你将迎来一个宝贵的机会：挑战并重新整合自己的人格特质，进而获得照顾孩子的能力。这一过程中，你会感受到自身的完整与成长。当男人能够养育孩子、关照他人、满足其需求，同时又能巧妙地运用父性权威与男性力量时，他们将体验到前所未有的灵活与自由。

由此可见，成为优秀父亲如同完成一系列挑战与任务，需要不断地打怪升级。通过这一过程，男人们将逐渐蜕变为足够优秀的父亲。

守护者：父亲不可或缺的角色

被守护，是人类内心一种悠久且普遍的期盼。每个人在其生命的旅途中，都渴望在真实或想象的关系中得到关怀与供养。这些守护者的身影多样，可能是母亲、祖辈、兄弟姐妹，或是步入社会后的领导等。尽管守护者的范围广泛，但其中一个尤为关键的角色，便是父亲。

"守护者"这一角色，是超越文化与传统的存在。它构成了"真男人"定义的一部分，也是父亲身上最为耀眼的光环。事实上，父亲所展现的众多品质，其核心都源于守护的初心。在多数文化中，男性除了承担使妻子受孕的责任外，还肩负着两大基本使命——守护与供养。

尽管在现代社会，女性已广泛融入主要工薪阶层，但我们的文化传统仍然倾向于期待男性展现出强势和坚定的权威性。即便是在非传统家庭中成长的孩子，即父亲是主要的照顾者而母亲是家庭的经济支柱，这些孩子在成长过程中仍会坚信男性应扮演至关重要的守护者和供养者角色。

若父亲无法承担起文化传统所赋予的象征性父亲形象，孩子的情感和社会发展将受到阻碍，同时，这位父亲作为男性理想形象的自我认同与价值感也将受到质疑。然而，一旦父亲能够充分发挥其守护者的角色，这位"真实而生动"的男性将最大程度地满足我们对理想父亲的期待，从而超越形式上的父亲身份，成为孩子成长道路上不可或缺的支柱。

从进化论视角审视，人类父亲已逐步进化为能够细心照料和深爱伴侣及子女的男性，他们始终如一，不离不弃。这种如山般伟岸、担当守护职责的好父亲形象，并非人类独有，在其他生命物种中亦有所体现。这充分证明，父性是一种与生俱来的本能。

父亲作为守护者，虽看似缥缈，实则触手可及，充满温情。在父亲的庇护下，母子在情感与身体层面得以安宁，母亲因而得以释放精力，全心投入满足孩子的即时需求。若父亲能助母亲抵御过度的焦虑、深重的担忧及外界纷扰，母亲便能更有力量协助孩子构建强大的自我。父亲的努力

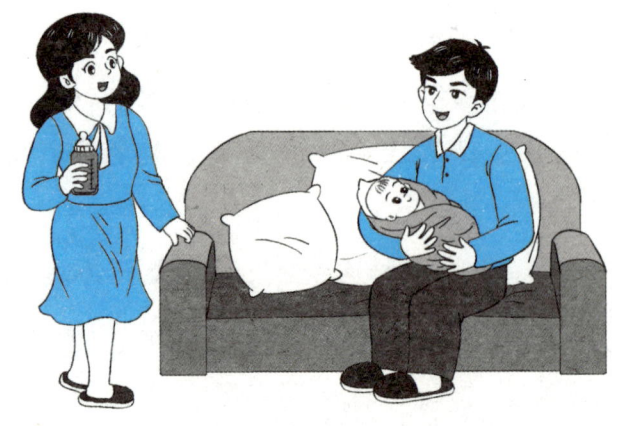

越多，母亲亦能做得更多。

然而，若父亲在孩子生命的初期未能提供充分的守护与参与，那么在后续的成长过程中，其父性功能也会受到影响，即便他后来有诸多机会进行补偿。因此，父亲在孩子生命的早期阶段应当承担起提供足够保护的责任，这是无法推卸的。

❊ 父亲要乐于扮演"幕后英雄"角色

有一部分父亲因严重缺席，给孩子的生活带来了深远的影响。还有些父亲，虽未缺席，却时常为扮演"幕后角色"而纠结不已，内心充满不甘。这些男性应学会如何积极、有效地运用自身的男性特质，进而帮助自己成为优秀的父亲。

当男人发觉自己只是母亲与孩子间亲密关系的旁观者，眼见他们相互满足，自己却被置于家庭生活的边缘时，他可能会误认为自己只是配角。这种配角身份与他内心期望的掌控全局、成为"真男人"的主角地位相冲突。

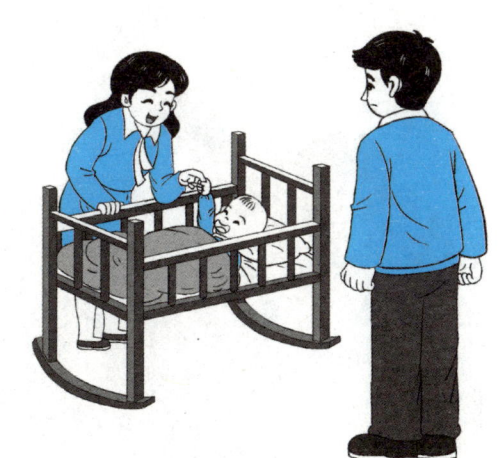

为维护自己"大男

人"的形象,他可能会拒绝接受母子的真实需求,陷入抑郁或逃避现实,过度投入工作。有时,他甚至可能经历类似产后抑郁的情绪困扰,难以履行守护者的职责。他常感到男子气概被束缚,扮演配角让他深感内疚和羞愧。因此,一个"失败父亲"的剧本似乎悄然上演。

在理想情况下,父亲能够清晰认识到自己的守护者角色。表面看似他在外围默默支持妻子和孩子,实则他在确保整个家庭系统的和谐运转,并为孩子的健康成长作出直接贡献。他甚至会开始意识到,成为父亲为他提供了一个难得的机会,去接纳和整合那些先前难以触及的男性特质。这一过程使他的人格变得更加包容、灵活和有整合感,而不是否认或压抑那些所谓的"不男人"的部分。

一个男人踏入孩子的世界,开始学习如何扮演父亲的角色。为了洞察并满足

孩子的需求，他必须驯服那些更为自我中心、以攫取为目标的"直男"特质。这一过程将助他达到一个全新的自我理解高度，这是非父亲身份所无法企及的境界。

对部分男性而言，这或许是首次他们内心的世界比外在的世界更为清晰。他们开始意识到，关系与亲密的重要性不亚于成功与表现。然而，这种领悟往往并非易事。长久以来，男性被塑造成"实干家"，习惯于面对和解决问题——他们乐于感受到自己的价值、积极性和创造力。

然而，对于新手父亲而言，他们往往会发现母婴关系自成一体，而自己则常常扮演"辅助者"的配角角色。他们无须应对紧急状况或处理重大事务，却需要持续保持在一种看似相对被动的位置：作为警觉的守护者，默默保护和支持着母子之间的紧密联结。因此，父亲应深刻理解到他并非孤立于母子关系之外。他所面对的是一种崭新的三

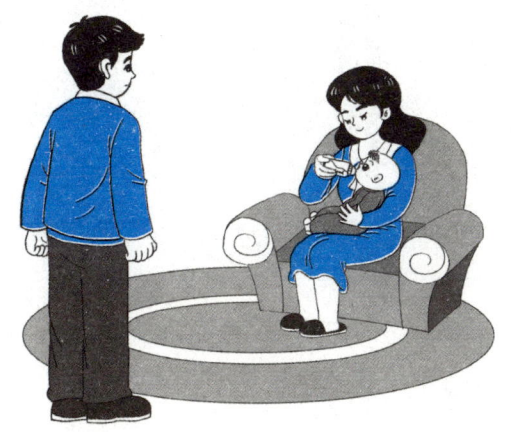

角关系,这种关系确实需要他的适应与保护。

可见,父亲选择退后一步,让妻子与孩子建立并分享那份特殊情感,实则为孩子未来的健康发展搭建了一个理想的舞台。

总结

成为一个高度参与的父亲,其益处是显而易见的。当父亲持续地、热情地投入到孩子的成长过程中,他们会欣喜地发现,这不仅是为自己,更是为孩子的未来播下了一颗颗希望的种子。终有一天,这个孩子会长大成人,在他们内心深处那个曾被父亲守护、关爱、扶持的自己依然会熠熠生辉,充满活力。

随着每一个新的成长阶段的到来,新的挑战也会随之而来。那些渴望深度参与孩子生活的男人们需要灵活调整他们的"守护"方式,以适应孩子逐渐增长的需求,以及他们与孩子之间关系的不断演变。

学步期：引导孩子探索世界的第一步

婴儿期，父亲便应启程陪伴之旅，成为爱的源泉与孩子认识世界的向导。与母亲细腻呵护不同，父亲以独特方式参与孩子生活，引导孩子逐渐领悟"我和妈妈并非一体"的独立意识。同时，父亲也让孩子知道，即便母亲不在，他这样的亲近之人也能给予温暖与安慰。

认识到并珍视孩子的"差异性"是父亲特有的任务。虽然共同创造了生命奇迹，但父亲与孩子间的纽带与母亲和孩子间的不同。父亲首次拥抱孩子时，高度投入的父亲会感叹："孩子有我影子，又独具一格。"这种与生俱来的身心差异，使父亲更易敏锐察觉并欣赏孩子的独特之处。

父亲会用一种别具一格的方式来激励年幼的孩子走出自己的舒适区。他们往往倾向于用更为活跃、富有创意且充满惊喜的方式与孩子互动,这种方式与母亲那种温和且固定的互动模式有所不同。

母亲的人际能量内敛,引导孩子深入内心世界;父亲则释放外放的能量,激励孩子勇敢探索外部世界。母亲善于调整自我,适应孩子节奏;父亲则擅长激发孩子潜能,让孩子适应自己。若说母亲是"立"的守护者,父亲则是"破"的引领者,共同助力孩子茁壮成长。

❋ 父亲，引领孩子步入广阔无垠的世界

父亲在孩子生命中最初的角色，是协助孩子与母亲进行心理上的分化。为了深入理解这一现象，我们有必要审视学步期儿童的心理成长过程：他们眼中的世界，就像是一张刚刚冲洗出来的照片，逐渐变得清晰起来。在这个阶段，孩子唯一能够清晰辨识的便是母亲。

父亲起初可能只是一个在母亲身旁若隐若现的模糊身影。但随着孩子生命的第二年逐渐展开，父亲的形象开始从朦胧逐渐变得清晰。孩子们开始意识到，在这幅生活画卷中除了母亲，还有另一个重要的存在——父亲。

当孩子的发展达到这一阶段时，父亲需要勇敢地走出之前的迷雾，准备承担起孩子生命中不可或缺的"第二他者"的角色。

宝宝欣然接纳这

位"新"家长进入自己的世界。从18个月到2岁，孩子的身心和人际意识迅猛发展，给生活带来显著变化。此前，宝宝满足于依偎在母亲身旁，如今却逐渐暴露出不安分的迹象。那份躁动，如同即将破壳而出的小鸡，对束缚自己的蛋壳发起猛烈冲击。

原先与母亲建立的共生温暖壳，已经让宝宝心生烦躁。那曾经独占的母子关系，也显得稍显压抑。宝宝渴望更多外界的新鲜刺激！这些刺激将重塑他们的思维、情绪、知觉与行为。有时，父亲会巧妙引导，甚至轻推一把，助宝宝勇敢踏出母亲温柔乡的边界，迈向更广阔的世界。

尽管身体日益成长，外界充满诱惑，许多宝宝仍依恋母亲的安全与慰藉。缺乏父亲的持续鼓励，孩子可能永远无法完全离开母亲的怀抱。然而，对于父亲积极参与的孩子来说，他们更容易认识到：母子共生关系并非唯一或最满意的选择。

在某个时刻，宝宝们开始关注到父亲的存在，从而以全新的视角认识世界。这对男孩尤为重要，他们不仅需与母亲在情感上分离，还会逐渐意识到与母亲在身体构造上的差异。

此时，父亲应更积极、亲密地参与小男孩的成长，引导他们安全地认识到"男女性别存在差异"这一事实。父亲就像一面镜子，让小男孩在其中看到自己，从而更好地认识自己。

此后，小男孩会开始迷恋父亲，并尝试模仿他的各种行为。尤其在与母亲分离的过渡阶段，父亲的深度参与能协助儿子更好地应对不确定性因素，缓解因过渡而产生的痛苦与矛盾感受。

实际上，孩子的"个体化过程"离不开父亲的付出。父亲需帮助儿子理解：尽管为成为更完整的自己而与某些人分开，但他们并不会永

远消失。这对学步期儿童来说,是认知发展的一个关键里程碑。

此外,父亲应巧妙地转移儿子对与母亲分离之痛的注意力,用富有创造力和升华的方式引导他。作为关键人物,父亲不仅鼓励孩子发展概念性和抽象思维,还协助他们调控攻击性,处理愤怒、妒忌、恐惧等破坏性情绪。

因此,在孩子经历分化的转折期时,父亲的作用至关重要,不容忽视。若父亲在这一关键的发展阶段缺席,男孩可能一生都要承受其带来的负面影响。

父子玩耍:彼此受收益的亲子时光

父亲,不仅会以第三个家庭成员的身份深入孩子的心,而在与小男孩身体相似的特质上,他将成为小男孩最需认同的对象。这一认同过程将引导孩子在成长的关键时刻,以健康的方式塑造

出独特的男性身份认同和自主意识。

尤为重要的是,父亲能为儿子树立一个男性化的榜样。特别是在生命的第二、第三年,小男孩开始对父亲产生浓厚兴趣,他们开始模仿父亲的各种行为,甚至在学说话的阶段,也会模仿父亲的语调,偶尔装出深沉的样子。

男性间的联结远超儿子模仿父亲。父亲与儿子间彪悍、对抗性的游戏,为儿子的世界注入兴奋与探索的元素,使他们认识到男性间不仅有相似的身体特征,更有欢乐、自发性和充沛的活力。这些与父亲共度的成长时光,对男人成年后的记忆影响深远,难以忘怀。

男孩会逐渐理解作为一个男人的含义,并开始接纳自己的男子气概和男性身体。与男孩亲密相处的父亲,实际上是在教导他欣赏自己的男性身体,以及进行无害且安全的男

性间的身体接触。

然而,许多男人未意识到:在陪伴儿子成长的同时,儿子也在帮助他们理解真正的"男子气概"。若想与孩子建立深厚关系,男人需重寻曾被丢弃的儿童自我,即在外部世界追求成功时忽略的部分。这一过程不仅有益于亲子关系,更能使男人更加完整地认识自己。

为了与孩子产生共鸣,父亲需寻回童年的纯真,非幼稚之态,而是珍视那些曾为了成功而舍弃的特质。若父亲在孩子成长的关键阶段真心投入,那么他的玩心、好奇心、惊奇、兴奋与冒险精神都将焕发新生。

因此,正如父亲帮助儿子意识到"身为男孩仍可亲近母亲"一样,儿子也能帮助父亲找回并享受儿童自我。找回儿童自我的男人,能体验新的存在方式,身体层面更具亲和力。儿子也会帮助父亲成为更宽广大气的男人,他们共同成长,实现亲子双赢。

父亲的影响：孩子自我认知与欲望满足的桥梁

孩子逐渐意识到，与父母的关系如同两面镜子，映射出他们的自我认知。在审视这些关系时，孩子逐渐认识到自己的独立性。他们开始将自己视为有需求的主体，对物质和他人产生渴望。若父亲能成为积极的榜样，孩子将自信地追求和满足自己的欲望。

父亲可通过识别自身欲望，将孩子视作独立主体，为其树立行为榜样，助其体验为完整男性，通过主动索求满足自身需求。例如，父亲下班归来，孩子急切迎候，父亲

给予温暖拥抱，简单互动中却体现深厚父子情感：孩子渴望父亲关注，父亲及时回应，双方愿望得以满足。

孩子逐渐认识到父亲能独立行动，满足自身欲望与需求，因此视父亲为独立、欲望和障碍扫除能力的代表。比如在游乐场，父亲常常强化孩子挑战单杠的兴奋感，认同其探索欲望。孩子则视父亲为通往外部世界的桥梁，感受其力量与幽默，使外部世界的恐惧变得可应对。

若父亲在孩子生活中参与度低，孩子可能因婴儿期与母亲相关的欲望而退行。反之，若父亲陪伴并提供行为榜样，母子间的过强联结将得以缓和，孩子的注意力与兴趣将转向外部世界，而非仅限于与母亲的温柔互动。

✱ 树立权威：父子共同成长的艺术

显然，父亲通过向小男孩展示被社会广泛接纳的男性行为，并共情于小男孩成长过程中的分化需求，能够极大地促进其成长。然而，单纯的共情有时并不足够，父亲还需向小男孩传授更多关于外部世界的经验。

有一种情况是，个别父亲在幼年有着和自己的父亲相处不愉快的经历，他竭力避免成为自己父亲的翻版，结果却走向了另一个极端，最终因过度补偿而犯错。确实，孩

子渴望父亲的共情与理解，但他们同样渴求父亲的权威指引，需要父亲为他们设定行为的界限，以助其完成社会化的成长任务。

对孩子来说，理解情绪固然关键，但仅此远远不够。父亲的角色，不只是要表达同情，更要在孩子成长受阻时，洞察其困境，并适时施以援手。

这类父亲协助孩子迈向新阶段，同时参与孩子生活也赋予他新智慧：自信、威严甚至固执，并不等于羞辱他人。因早年与自己父亲的不悦经历，使他一度混淆"霸道独裁"与"建设权威"。但为了帮助孩子，他学会了适度展现权威，这不仅丰富了自身行为模式，更完善了他的男性身份认同。

参与度高的父亲，在教导孩子的同时，也深受孩子影响，他们以更加开放的心态看世界，摆脱了单一的非黑即白思维。这种父子间的深情联结，让孩子认识到关系的多样性和复杂性，学会应对各种情绪。父亲也从中领悟，男人的成就与关系并非对立的两极，而是可以和谐共存的。

孩子生命最初的几年与父亲建立起的情感联结，对双方而言都极为珍贵，它不仅能够促进彼此的成长，有时甚至具有疗愈心灵的力量。然而，随着孩子逐渐长大，这段情感联结也将不可避免地面临各种挑战与考验。

总结

在童年早期，孩子往往情感丰富而强烈。随着成长，他们则需要学习如何控制这些情感。在往后的发展阶段，父亲需要协助儿子调节情绪，而儿子则会为父亲提供处理同性竞争等复杂议题的视角。实践表明，父子之间的情感越牢固，未来的相处也会更加轻松和谐。

父与子的快乐时光

一对年轻的夫妇带着他们 2 岁的孩子豆豆，去逛社区公园。

在妈妈和爸爸的陪伴中，豆豆的笑容更加灿烂。

童年早期：
建立父子间的游戏与学习桥梁

在孩子 3.5 ~ 6 岁的成长阶段，他们既渴望与父亲的亲密感，又表现出强烈的竞争性。男孩会寻求父亲的引导，同时开始展现自己的自主性和成就欲。若父子间的冲突能通过协商妥善解决，孩子将学会以积极的方式运用其攻击性、竞争力和探索欲，从而培养出一种健康的阳刚气质。

在这个章节中,我们将深入剖析父亲如何引导儿子探索男性世界的奥秘。这段旅程中,父子间的"缠斗"成为了一种独特的相处方式,既是亲子间的互动游戏,也为男孩未来在社会中应对挑战提供了实战演练。父子间的争斗形式多样,既有体力上的较量,也有智力与情感上的角逐。

这个阶段常伴随小冲突,父亲需敏锐观察男孩的竞争欲,关键在于让男孩学会以建设性方式表达攻击性,而非压抑或过度反应。父亲此时作为引导者,应引导男孩安全地步入男性世界,传授阳刚之气,同时教会男孩如何在竞争中保持健康、积极的心态。

男孩在 3 岁后意识到与母亲生理上的差异，这对自我认知产生重大影响。同时，3 至 4 岁，他与母亲情感上逐渐分化，既困惑又兴奋。这一转折阶段使男孩本能地转向父亲寻求引导。帮助男孩理解这一变化，平稳度过成长的这一阶段，父亲的角色在这时变得尤为关键。

✤ 父子共筑男性性别认同之路

一个积极参与的父亲会敏锐察觉男孩与母亲分化的需求，并作为爱的另一源泉给予男孩关爱。为培养男孩健康的男性认同感，父亲应展现父子间性别特征的相似处，使男孩直观感受父爱，从而逐步

构建属于自己的健康男性性别认同。

例如,尽管男孩早已学会使用抽水马桶,但在这个成长阶段,他们会为能站着尿尿而感到自豪和愉悦。这时,他们会注意到这种技能与父亲的相似性,而母亲则无法做到。这一新发现让男孩更加关注与父亲的相似之处,而非仅仅模仿"好妈妈"的行为。

此外,爸爸在洗手间展现的刮胡子等男性行为,是男孩模仿的独特元素。这些行为帮助男孩区分母亲及"女性化特征",核心性别认同得到爸爸支持。通过模仿,男孩的性别角色意识及初显的阳刚之气得以加固。

当然，父子间的嬉戏打闹和"掰手腕"等游戏，不仅能增进彼此兴趣，更展现了强健、创造性的男性特质。这种身体上的互动充满愉悦、兴奋和探索，让儿子确信男性世界充满生命力与自发性。

如果父子间能享受大肌肉运动带来的身体接触，儿子会自然地模仿父亲，这种模仿不仅加强了他对男性身份的认同，更让他直接感受到父亲身上那种节制而有力的男性魅力。通过这种嬉戏玩耍，男孩学会了如何以积极的方式运用自己的力量，培养了他对攻击性的健康理解。

简而言之，男孩在成长过程中，通过认同父亲的男性特质，包括他强壮的体魄、有节制的攻击性、独立的自主性，以及不断探索的热情，来塑造自己的阳刚之气。

❋ 协助孩子重新定义"男子气概"

父亲构建了一个温馨的避风港,为男孩提供自我探索的空间,让他们自由展现自主性和好奇心,同时也在这里安全地释放攻击性。父亲借此教导儿子:男子气概不仅代表刚强,更蕴含着温柔、滋养和保护。真正的阳刚之美,是刚柔并济,充满力量的同时也不失温情。

之前,男孩可能将关怀的特质更多地与母亲联系在一起,但现在,他逐渐意识到爸爸同样拥有这些温暖的品质。他发现,情感和关切并非女性独有,爸爸同样能给予他深深的爱护。随着对爸爸爱的感知和彼此相似性的认同,儿子能够毫无矛盾地热爱和尊敬自己的父亲。

基于这份深厚的父

爱，儿子无须摒弃自己身上的"柔软"特质。他可以在保持这些品质的同时，坚定地认为自己是个"男人"，因为他意识到，柔情并非只属于母亲，他的父亲——这位真正的男人，也同样展现出了这样的温柔与关怀。

当然，父亲在儿子成长中起调控作用，避免儿子对女性化特质有刻板认知。他引导男孩灵活理解男子气概，认识其多样与包容。男孩们不再固守"男性化"的固定概念，而是接受一个由父母特质融合而成的复杂、多维度的混合性认同。

由于男孩并不将男性和女性气质视为截然不同或光谱两端的极端，他能够逐渐地、非突然地与母亲分离；这种分离是轻松的、非创伤性的，并且只是部分而非全面的。

当儿子能够同时接纳并整合母亲和父亲的特质，无须在认同其中一方时放弃另一方，他将更深刻地体验到作为

一个独立个体的自主性。这种全面的认同将促使他与母亲之间的分化过程更加自然和顺畅。

✳ 培育孩子健康的男子气概，需要父亲的持续陪伴

男孩向男人的转变中，男性认同与性别差异的塑造尤为艰难。他们在家庭和社会的压力下，被要求割舍与母亲的紧密联系，避免女性化行为，并被迫过早与母亲分离。

这种压力迫使他们排斥女性特质，一旦出现跨性别倾向，将面临来自家庭、同龄人及社会的强烈反对。

"剪不断脐带"的男孩常被贴上"妈宝男"或"娘娘腔"的标签，这些世俗的称谓迫使男孩远离母亲，摒弃女性化特质。成长过程中，男孩因一些女性化表现而遭受羞辱，羞耻感成为敏感情绪。为逃避羞辱，许多男孩在男性化与女性化间划下僵硬界限。

尽管多数男孩表面否认，内心仍渴望早期与母亲的美好关系。他们心中常存对母子联结的向往，但因矛盾感而质疑男子气概。这种担忧源于母子关系对人格深层的塑造，使他们恐惧失去"真男人"的认同。因此，他们不断寻求补偿，确认自己的男性身份。

我们推崇的男子气概需融合男性化与女性化特质。为此，男孩需一个高参与度且尊重女性的父亲引导。这位父亲既要独特地认可儿子，也要尊重所有女性特质。理想中的父亲是权威与情感滋养并存，既能指引方向，又足够敏感，满足儿子的需求。

　　被如此对待的男孩无须急迫割舍与母亲的纽带。他们可以将"脐带"延展为柔韧的安全带,象征保护和庇佑。父亲则在那里等候,引导其进入男性世界。参与度高的父亲是男性化的推动者,也是缓冲者,因为对自己男子气概充满信心的父亲,更有助于儿子顺利地从母亲依恋转变为父亲认同。

　　对于参与度高且充满爱的父亲,展现温柔与关爱不会威胁其性别认同。他们即使展现权威、攻击性,也不会因此觉得自己更男人。他们接纳性别局限,相信真正的男性化特质是包容的。他们无须通过"纯爷们儿"表现来降低焦虑,而是展现兼收并蓄的男性特质。

　　若在这个阶段,男孩未能得到足够优秀父亲的积极影响,无论是父亲的缺席还是其非建设性的教育方式,都可

能使他在未来的生活中面临严峻的挑战和困境。

✦ 父子竞争：共同面对童年早期的挑战与成长

在理想情况下，优秀父亲的悉心指导让男孩们初步构建了"最初的男子气概"。当他们迈入幼儿园阶段，新的挑战接踵而至：男孩们开始幻想自己从母爱的怀抱中独立，成为母亲心中的特别存在，同时也视父亲为竞争对手。

在这一时期，父亲、母亲和儿子之间的关系变得微妙复杂，

形成了一个由欲望、竞争、嫉妒、拒绝和潜在的攻击性构成的关系互动。小男孩沉浸于自身日益凸显的男子气概中,并自然而然地进入了与父亲竞争母亲关爱的阶段。

这种变化源于男孩内心与母亲共生关系的逐渐丧失,这使他渴望变得更加强大,以克服任何可能阻碍他与母亲重聚的障碍。他潜意识中希望与母亲重合,但此时表现为征服和占有母亲的愿望。他幻想自己可凭意志超越限制,相信自己能取代父亲,赢得母亲的爱。

因此,男孩在这个阶段会因产生攻击父亲的冲动而感到恐惧。为了克服这种恐惧,他需要学会疏导自己的冲动,并再次向父亲求助。有趣的是,父亲也可能感受到自己对儿子的对抗、愤怒和攻击性,无论年龄多大,这些情绪都难以避免。

在这个关键阶段,父亲应识别并控制自身竞争冲动,为儿子树立积极的行动榜样。即便面对竞争,父亲也应对儿子初露锋芒的男性力量表示骄傲并予以鼓励。这份骄傲和鼓励是父爱最真挚的体现,有助于缓解儿子在此阶段难以避免的愤怒和焦虑。

一个父亲应避免家庭缺席,以免儿子在父爱匮乏中成长,进而影响其成为父亲后的亲子关系。作为父亲,我们需要以冷静而坚定的权威教育孩子,若能做到这一点,儿子长大后将视我们为仁慈、富有同情心,且权威并存的榜样。

总结

心理学家曾指出:所有男孩都渴望得到一份来自父亲的"男性力量"的庇护。这份力量不仅指导他们如何成为坚韧而不具攻击性的男性,同时也激励他们的父亲在生命的各个阶段不断自我完善,成长为更加全面、完整的男人。他们的情感越牢固,未来的相处也会更加轻松和谐。

童年中期：
培养孩子的独立性与责任感

从 6 到 12 岁，孩子们在道德、身体、社交和认知方面迅速成长。大脑结构的成熟使他们能够运用更高级的思维方式，从奇幻联想转向基于现实的因果思考。特别是男孩们，在这个阶段会努力"升华"本能冲动，展现出更为成熟和理性的行为模式。

在这个阶段，男孩们渴望赢得父亲的认同和赞赏，他们努力展现毅力和效率。不同于过去的挑战父亲，现在他们更聚焦于父亲的成就，认识到父亲在广阔世界中的实力。男孩们急切地模仿父亲，以父亲为榜样，发展自己的兴趣和技能。心理学家称之为"潜伏期"，在此期间，他们先前的竞争性和攻击性等暂时隐匿，静待

青春期时再次迸发。

如果你认为童年中期的男孩情感不丰富,那就大错特错了。他们内心充满了各式各样的情感波动,有时这些情感会汹涌而至,让他们难以驾驭。理想的情况是,他们能在与外部世界互动的同时,从父亲那里学习如何妥善处理这些复杂而强烈的情绪。

因此,我们不难发现:小学阶段与父亲频繁互动的男孩,通常展现出更强的同理心和高自尊,抑郁的风险较低,并且对性别角色和生命有清醒的认知。

❋ 父亲领航，儿子启航：走进男性世界

父亲与儿子的团体互动始于早年的伙伴时光。在儿子学步期，父亲便引导他参与外界的联系。童年早期，父子关系加深，父亲教儿子调节对父母的情感。进入童年中期，父亲引领儿子参与团体运动，体验团队合作与成就感，同时释放竞争与攻击性，并培养友爱。

潜伏期的男孩倾向于聚集成群，努力营造一个无女孩的环境。如果你发现某个男孩，之前还乐于与女孩玩耍，但突然断了与她们的友谊，无须太过惊讶。在这一阶段，他们甚至觉得，仅仅是承认与女孩交往，就会对尚处萌芽阶段的男子

气概构成挑战。

这种男孩群聚现象强化了他们对男性身份的认同和掌控感，同时与母亲及女性形象产生分化。通过"拒绝女性"的仪式，他们进入男性关系世界，体验强烈归属感。在父亲引导下参与团队竞技和集体活动，男孩学会将攻击性转化为健康的竞争关系。

在集体活动中，男孩们学习满足成就欲、竞争欲和掌控欲，同时融合个人与集体需求。尽管队内竞争激烈，他们也学会以玩笑化解敌意。他们意识到竞争与合作可并存。在父亲引导下，男孩们发现可将冲动转化为合作的社会行为中。

父亲在引导男孩将本能冲动转化为社会性行为中扮演关键角色。男孩通过认同父亲，找到释放本能冲动的新途径。无论是参与合作游戏、展现表现力,还是培养自发的男子气概,父亲的参与都至关重要。

在父亲的指导下,男孩会内化一个"调控机制",用以平衡自身的攻击性。此机制不仅帮助他们驾驭恐惧与痛苦,更引领他们走向更为柔和的愉悦之境。本能与理性的交融,催生出新的行为范式,如欢乐的游戏精神、深厚的同理心以及增进亲密关系的技巧。

男孩们在此阶段需学习平衡:融入团体与应对同伴压力。这是一项挑战,因他们常难以抗拒同伴压力,即便明知行为不当也可能从众。作为父亲,需理解孩子的归属需求,同时教导他们坚守底线。这样,他们既能享受团体归属感,又能保持个人原则与判断力。

对于此阶段的男

孩,一个指导性的父亲角色对其健康发展至关重要。若父亲缺席,男孩需要独自面对潜伏期的挑战,这会导致他们在未来工作相关的自尊和自信显著不足。这种匮乏会使他们在整个童年乃至一生中都渴望得到男性指导,形成"父亲饥渴"的心理状态。

可见,无论男孩的兴趣和才能如何,一个具备指导性的父亲都能敏锐察觉,并协助他培养必要的技能来展现这些特质。同时,这位父亲还能给予足够的现实反馈,使儿子有勇气实现自己的抱负,并在公众面前自信地展示才华。

培养孩子的勤奋感

6~12岁的男孩日益关注自己的创造力,为追求成就,他们专注于勤奋感与胜任感。他们享受被认可的价值感,热爱忙碌与行动,乐于将计划与实践分享给身边人。完成目标导向的活动后,他们感受到通往成熟男性世界的步伐,在这个阶段,他们通过行动寻找并享受创造的乐趣。

潜伏期的男孩热衷于探索事物的运作原理,并渴望实现自我价值。父亲若想与之亲近,可与他们合作创意活动。成功完成儿子所期望的任务,父亲将展现技巧与能力的典范。潜移默化中,儿子将男子气概与行动能力紧密相连,认识到男人不仅思考,更能将想法变为现实。展示出童年中期的实干精神。

在这个关键时期,男孩们追求胜任与骄傲感,父亲的赞赏与关注尤为关键。他们对父亲在创造性活动中的反应特别敏感。尽管父亲是主要指导者,但男孩们也会向老师、其他孩子的父亲,乃至消防员、警察、建筑工人等男性职业者寻求指导。

教孩子技巧非易事，男孩可能抗拒父亲的指导。父亲或许会想放弃，但坚持与耐心是关键。只要父亲不放弃，持续鼓励儿子学习新事物，男孩终将发现：在父亲的陪伴下，他能完成许多曾不敢想象的挑战，如果只靠自己或仅凭想象，这些成就将遥不可及。

孩子凭现实感与逻辑性完成任务，获得一种"我胜任"的体验。父亲应允许孩子在困难中挣扎，视失败为成功之母。孩子从父亲应对弱点与失败中，学习虽败犹荣。理解父亲的不完美，胜于视其为全能英雄。男孩应内化父亲面对错误与挫折的态度，作为未来克服自身局限性的情感榜样。

一个父亲应勇于承认自身局限和错误，并在儿子遭遇失败时给予支持而非嘲讽。若能做到这两点，儿子将能在挑战面前保持自信和骄傲。这样的父亲教会儿子成为一个勇于犯错、表达脆弱性的正常人，无畏面对身心的各种挑战，摆脱"完美"的枷锁。

儿子在观察不完美的父亲时，会内化父亲面对局限性的态度，他会形成一个更现实的、非高不可攀的理想化自我。这种男孩不再过分追求基于原始自恋的"完美"，因此更容易接纳自己，形成更为健康的自我意识。

父亲若不愿承认缺点，传递的信息是男人不能有弱点，这易使儿子陷入全能错觉，成为大男子主义的心理基础。当男孩对不擅长的活动失去兴趣，便显现这种心态，严重限制创造力。许多男孩在童年甚至成年后，常感限制，仅愿从事擅长之事，对未知领域避而不谈。

父亲的教导方式同样关键。能共情儿子需求的父亲，更易因材施教。他了解儿子的学习容量、方式（智力、视觉、肢体）及兴趣消退的时机。这样的父亲懂得劳逸结合，鼓励儿子展现独特才能，认可其努力。他还懂得与其他教育者（如母亲、老师、教练）分享对儿子的理解，以确保儿子获得最有效的教育指导。

❋ 帮助孩子调控学习路上的情绪

男孩在掌握特定技能时，必须学会调控情绪，特别是当情绪高涨时。若情绪失控成为习惯，胜任感便遥不可及。父亲应引导儿子正视情绪，而非忽视或压抑。通过这样的方式，男孩会为了达成目

标而学习如何正面应对并升华自己的情绪。

在这个阶段,父亲需协助儿子调整情绪强度,以实现情绪的升华。潜伏期的男孩与父亲的打闹,已超越单纯的雄性激素释放,而是双方下意识地通过身体信号进行深度交流与理解,这一互动的意义变得更为复杂与丰富。

一个细心的父亲会察觉,处于潜伏期的儿子正在细致观察自己的举止,并据此塑造自己的行为模式。因此,在与儿子进行打闹互动时,父亲应巧妙地调整自己的反应,既要展现足够的开放与投入,也要能适时地收敛与引导。

由于父亲的巧妙调控，潜伏期的父子打闹成为了一个真实生活的实践场。男孩通过与父亲的打闹，学习如何把握力量的分寸，判断对方是嬉戏还是真正带有情绪，并尝试如何振奋精神与强大的对手对抗。随着时间的推移，男孩会将从与父亲互动中领悟到的身体信号，灵活地运用到与其他人的日常交流之中。

因此，父亲教导儿子，不仅靠口头传授，更需以身作则。在经典的父子互动和游戏中，儿子将父亲视为楷模，学习他如何面对强烈的情绪和困难的情境，从而汲取应对态度和行动方式。

父亲教导儿子驾驭情绪的另一种方式是展示"男性道德模式"，它聚焦于规则、公平、正义等抽象原则。在教育过程中，父亲会强调让男孩遵循规则行事，尊重公平与

公正，学会在既定的框架内行事，从而培养儿子的责任感和自律性。

然而，不可否认的是，任何父亲都无法完全驾驭儿子在成长阶段涌现出的好奇心和行为冲动。作为父亲，我们只需竭尽全力去教导，至于教育的成效，却往往超出我们的掌控。承认自己在指导过程中的局限性，这确实是身为人父所面临的一大挑战，也是我们必须学会接受的现实。

✿ 父子间的知识传递：儿子如何影响父亲

学习的旅程总是双向的。从潜伏期的儿子身上，父亲们不仅能学习到如何更好地掌控事物、情绪调控，还能重拾久违的娱乐精神。更为重要的是，在陪伴儿子完成童年中期的身体、认知和情绪发展任务的过程中，父亲们也能间接地满足自己的成长需求，增强对生活的掌控感。

再次强调，父亲的积极参与在养育过程中，不仅为儿子带来无尽益处，父亲自身也将获得显著的成长。因为在

这条共同成长的道路上，儿子常常能"传授"给父亲一些宝贵的人生智慧。

我们不难发现，那些热衷于在团体活动和体育运动中指导儿子的父亲，常常能够唤醒自己内心那份久违的童趣和娱乐精神。或许每个男人都曾拥有过那样的一面，但在竞争激烈的升学、求职和成家立业的过程中，我们逐渐将那个充满活力和乐趣的小男孩遗忘在某个角落。

然而，与儿子相伴的父亲，特别是那些平日里较少社交或因工作繁忙而备感疲惫的父亲，往往能在与儿子的相处中找回自己内心深处那个曾经的男孩。

如果父亲以指导者的身份深度参与儿子的成长过程，潜伏期的时光对父子双方都将如诗如画般美好。他们不仅共同分享着深厚的父子情谊，更在男性间建立起了如兄弟般的相互尊重与欣赏，共同谱写出一曲动人的父子乐章。

总结

潜伏期的父子时光，无论是书房中共同修理物品的默契，还是球场上你来我往的竞技，都宛如一幅温馨和谐的田园画卷。然而，时光的流转总带有些许感伤，这些欢愉时光终将渐行渐远。随着孩子逐渐长大，那个潜伏期的男孩终将步入青春期的门槛，成为一个翩翩少年。而在接下来的青春期，父子关系将面临前所未有的考验与挑战。

比赛的意外

一场足球比赛正在激烈地进行,明明在球场上全力拼抢。

几分钟后,明明重新回到了赛场上。

青春期前期：
预见风暴的来临

青春期，犹如狂风暴雨，情绪起伏难测。不可理喻的激情，动荡不安的心绪，狂喜与绝望交织。时而心潮澎湃，满怀憧憬时而忧郁难当，倍感绝望。罔顾一切，疯狂追求，仿佛坐上情绪的过山车，骤升骤降，让人既兴奋又疲惫。

青春期的孩子，内心如迷宫般难以窥探，更难以忍受其多变。他们时而陶醉于自我崇拜的幻觉，时而又戏剧性地陷入自我厌弃的深渊。对于同一事物，他们既能倾注满腔热爱，又能滋生刻骨恨意。情绪如潮汐般汹涌，时而痴情狂热，时而冷若冰霜，时而深陷其中无法自拔，时而又转身离去，

遁入遐想。

青春期的孩子面临身体变化、欲望波动与心智成长。男孩需完成自我挑战：构建自我身份，回答"我是谁"；深化与家庭，特别是与父亲的分离，实现个体化等。这是成长的必经之路，充满挑战也孕育着独立与成熟。

青春期是父子关系转变的关键期。若父亲参与度高，父子间常意气相投。初入青春期，这份亲密尚存，但随着青春期深入，儿子对父亲的情感变得复杂难测，时而亲近时而疏离，这是成长的必然，无可避免。父子须共同面对，寻求新的平衡与理解。

✱ 少年之惑：青春期男孩的自我定位挑战

"我是谁？"青春期男孩面临此核心困惑。随着青春期的到来，他们开始塑造独特的身份，追求稳定与安全，同时保持灵活性。自我并非此刻诞生，但青春期是他们界定"我"与"非我"边界的关键时刻，明确自我，迈向成熟。

男孩在青春期寻找自我身份，此诉求至关重要，决定其未来方向。作为父亲，关键在共情、接纳与支持，陪伴儿子探索世界中的自我。同时，设立合理边界，确保探索过程健康有序，助其顺利构建稳定且独特的身份认同。

男孩在青春期追求自我身份认同如同攀登险峰。一夜之间，他们可能发现体毛增多，声音低沉等，这些突如其来的变化令人震惊。同时，随着激素的激增，性冲动如潮水般涌现，既熟悉又令人不安，渴望

释放又不知如何应对。

面对青春期的身体巨变,男孩渴望一位理解并引导自己的父亲。然而,遗憾的是,这样的父子交流往往稀少。由于缺乏父母的预警与指导,男孩在面对生理变化时,常感惊讶、困惑甚至羞耻。

此刻,我们又需要父亲登场了。面对儿子的困惑,父亲应鼓励他面对内心感情,温柔且有爱的男性人格视其为男子气概的组成部分。一个与儿子建立安全、无胁迫且充满爱意相处方式的父亲,能正名这些情感(理想情况下,这种关系早已稳固)。

同时,父亲应安抚儿子,告诉他每个男性都可能对男子气概有所焦虑,担心与同性关系过近——这都是正常的心理过程。

当然，青春期男孩的父亲，除了引导儿子面对身份认同的挑战，还需自我审视。青春期与中年期常交织，许多男性在此时反思长久未想的问题：如何定位自己的身份？伴侣的人生经历如何？生活是否充实？面对儿子的成长，他们被迫正视中年危机，思考如何调整、改变，以应对生活的转变。

父与子：再度启程的个体化之路

青春期是青少年逐渐追求独立和自我权利的阶段。在这一过程中，他们与父母之间的“心理脐带”经历了从磨损到弱化的转变，最终在青春期后期被切断，这一过程被形象地称为“第二次分离—个体化”，标志着青少年走向更加独立的个体。

我们知道男孩的第一次分离—个体化始于学步期，那时他们与母亲逐渐分化，逐步融入父亲的世界。在这一阶段，母亲往往承受了最大的情感冲击。而到了青春期，男孩面临的则是与原

生家庭的全面分化，以构建自己独特的世界观。这一过程中，父亲成为了主要的分离对象。

当父亲曾是儿子崇拜的偶像时，面对青春期的分化尤为艰难。早期，父亲在母子冲突中充当和事佬，间接支持儿子探索新身份。他直觉地理解儿子的分化需求，通过表达理解，让儿子和母亲感到发展正常。此时，父亲再次成为"拯救者"，帮助儿子与母亲进一步分化。

随着青春期的深入，儿子对父亲的崇拜逐渐消解。他们开始觉得与父亲的联结幼稚，逃避与父亲的接触，打破之前对父亲的理想化。在此过程中，他们发现父亲的不完美：不称职、不公平，甚至老态、邋遢。昔日的英雄形象破灭，父亲的权威随之崩溃。

面对父亲理想化破灭和分离的过程,青春期男生常感到痛苦、空虚、失落与疏离。为填补这一空缺,他们急切寻找替代者以获取支持。自然而然,他们转向同龄人或其他成年男性,如叔叔、教练、老师等,寻求新的父亲形象。

还有部分男孩可能将与自己父亲特点相反的男性视为理想化对象。若与父亲关系紧张,他们会寄托期待于其他男性,尤其是同龄人。由于过度依赖同龄文化也会导致选择偏差。对此,父亲需要寻找合适的方式处理儿子的远离,核心在于支持而非阻碍其分离需要。

许多中年男性难以接受自己的失败,他们常因事业成功、家庭作用或年轻时的成就而自视为英雄。然而,青春期儿子的不屑或鄙视常让他们怀疑自我价值,反思生命中

的挫败与失望。尽管过程痛苦，但这种反思有助于他们为后半生建立更现实、坚实的自我形象。

> **总结**
>
> 为什么青春期的男孩会贬低自己的父亲？
>
> 青春期的男孩贬低父亲并非刻意为之，而是他们在寻求身份认同的过程中，会不断审视自己及周围的人。他们根据受欢迎度、外貌、才华等重估自我，同时因对缺点的敏感，也易察觉父亲的不足。将愤怒转向形象崩塌的父亲，比面对困惑、脆弱的自我更易接受，且在一定程度上更为健康。这是他们寻求独立和自我定义的必经之路。

青春期：
在叛逆与寻求认同间导航

青春期前的男孩，常怀着敬仰之心将父亲视为一种理想化的角色。在这个阶段，他们刚刚开始接触和理解身份认同的概念，内心充满了疑惑，因此急切需要父亲的引导和帮助。无论他们是否口头表达，在他们的内心深处，父亲总是被看作是无比强大、优秀、多才多艺、风趣幽默、聪明机智、驾驶技术一流的存在。

然而,当父亲成为儿子崇拜的对象时,应欣然接受这份理想化,但不必过于在意。因为随着青春期的深入,理想化可能会逐渐转为挑剔。从青春期中期开始,男孩可能会更加频繁地表达对父亲的不满。

儿子的青春期,也是父亲的困难期。中年之际,苦闷焦虑交织,意外频发。当儿子成长,父亲也意识到年华已逝,力量不再。面对青春的消逝、退休的临近,甚至死亡的阴影,他们需要勇敢面对,接受这些无法逆转的变化。

与此同时,当面对青春期儿子的情绪波动,父亲会重温与自己父亲的悲欢离合记忆。此时,尽管父子间常有摩擦与不认同,但他们都在应对

相同的人生课题：彼此认同、独立成长与分离，以及不可避免的失去。

✦ 青春期：个体化成长的关键阶段

关于男孩对父亲的满意和失望情绪，这两种情感无疑会贯穿儿子的一生。然而，它们在青春期往往达到最为激烈的程度，因为在这一时期，儿子正经历着向独立个体转变的关键阶段，其发展任务主要

是逐渐减少对家庭的依赖，寻找并确立自己的身份。

青春期的多元转变标志着父母主导的养育阶段接近尾声。当儿子步入"第二次分离—个体化"的旅程，父亲也迎来了一个阶段的结束。然而，父亲也要为儿子的独立尝试而欢欣。这诚然不易，但那些能够理解和接纳儿子青春期分化需求的父亲，无疑能为这一阶段的顺利过渡提供有力支持。

同时，儿子的青春期如同镜子，映射出父亲年少时的挑战。这一阶段，父亲在助力儿子塑造现实自我认同的同时，也能疗愈自己青春期的失望与野心。在引导中，父亲

会重温青春岁月,但这次,他们带着成年人的智慧与经验,以更成熟的心态面对生活的起伏。

青春期的自我关注与自我价值感的波动,父亲往往感同身受,因为他们自己也曾历经过。因此,当发现儿子遭遇类似困扰时,父亲能更从容地引导儿子冷静应对。当父亲放下权威,设身处地地站在"少年"的角度,那些曾经觉得难以承受的无能感、无奈感、失败感,都将变得可以理解和面对,不再是无法逾越的障碍。

男孩在青春期的重要发展任务之一,是为未来的成年生活构建亲密能力的基础。他们需稳固性别认同和性取向,同时,通过哀悼和割舍与父母间青涩的情感联系,来实现自我成熟与兴趣的稳定。

但是到了青春期中期,当儿子渴望摆脱"儿童"身份时,父亲在他心中的形象可能会大大地贬值。此时,如果父亲理解儿子的成长挑战,便能助其摆脱理想化依恋,建立成人的自我理想。所以父亲若能承受得住自己的贬

值,儿子则无须激烈逆反,而是能在维持早年亲密的同时,更平和地拓展外部成人世界。

与此同时,父亲还需要承受儿子理想化破灭的失落。他曾积极塑造儿子认同,如今需要被动适应儿子的分化。父亲应该以非中心的姿态,容忍儿子逐渐疏离。另外,父亲还要有边界地支持儿子探索新身份。此过程中,父亲需保持一贯性和内外一致性,拥有健康的自恋系统,以应对儿子成长的挑战。

❋ 尝试与边界:探索中的适度原则

青春期的男孩热衷于通过试验探索未知边界。他们还会故意挑衅父母,以测试界限,然后父母的反对又会加剧他们与家庭的疏离。作为父亲,要记住:尽管孩子表现出冒险与反叛,他们内心深处仍不愿伤害自己,更不愿失去在家庭中的归属感。

理解青春期儿子的各种挑衅行为，对于一位父亲来说确实是一大挑战。他们有时会玩到半夜回家，有时会接触到不好的人或组织，甚至对周遭事物都抱持着批判的态度。然而，这一切都是男孩试图探索并验证自己新身份的过程。在这些行为背后，往往都隐藏着"只是想试试看"的心态。

这不禁使我们联想到孩子在学步期时——他们一步步地尝试离开母亲的怀抱，有时不经意间迈出了一大步，但当他们意识到自己可能走得太远时，便会感到害怕，于是又急匆匆地回到母亲身边寻求

安慰。

同样地,青少年在探索自我时,会尝试各种新形象但不愿被单一定义。作为父亲,您需要精准把握这种个体化需求,在两极之间找到平衡。既要避免过度反应,以免加剧孩子的叛逆,迫使他以极端方式塑造自我;又要正视他的挑衅,因为逃避冲突只会让他感到被遗弃。

总之,父亲应在尊重儿子的探索精神的同时,设定合理的边界,即使不认同其某些行为。这样做有助于将儿子冲动的习惯行为转化为可沟通的对话,从而为他们之间的理解和支持搭建桥梁。

❈ 探索与父亲分化的深层意义

因为某些原因,在青春期未能理想化父亲的男孩,成长路上常会遇到很多难题。有的固守父亲完美形象,不容瑕疵;有的则长期贬损、责备父亲。这两种极端均导致他们心中的父亲和自我形象过于单一,缺乏全面理解。这种非黑即白的认知模式,限制了他们心智的成熟与发展。

一个青春期的少年,若有一位能够接纳被儿子质疑和推翻权威的父亲,那么他将享有更宽广的内在自由。他可以选择性地接纳父亲的部分特质,而非盲目地全盘接受或一概拒绝。因此,这样的少年无疑是幸运的,因为他能在成长过程中拥有更多的选择和成长的空间。

进一步地,由于少年在青春期有机会调整对父亲的理想化形象,其自我形象也会相应变得更加现实和灵活。这种幸运的少年,在成长的道路上,能够像他们的父亲一样,既感受到自己的力量,也勇于面对和接纳自己的弱点。

于是,在迈向成人世界的旅途中,他们凭借对自身力量和局限的深刻洞察,以更加现实和务实的态度前行。他们既不盲目自满,将自己捧上神坛;也不自怨自艾,将自己打入深渊。这种平衡的心态,将引领他们稳健地迈向未来。

✱ 父子携手应对丧失感

青春期的情绪风暴下,深藏的其实是丧失感。对许多

男孩而言,成人世界诱人却危险。他们表面上的傲慢,实则是内心恐惧的掩饰。特别是那些来自稳定家庭的男孩,更需哀悼失去的诸多:与父母的亲密、父母曾经的活力、自己的童年身份、小男孩的身体、旧有的安全感和单纯。

许多男孩难以直面成长的哀悼,他们选择延长青春期来逃避丧失感。有的退行至童年,乱发脾气、频繁生病逃避学校、社交回避,甚至采取不负责任的行为来博取父母

的关注与管控。

面对这些挑战,父亲应首先承认儿子的丧失感,并助其哀悼;同时,需让儿子看到成长的积极面,即失去的同时也意味着获得。作为青春期男孩的父亲,同样会感受到日益加剧的空虚和丧失感,儿子逐渐独立、自己不再是其宇宙中心,这些变化同样令人感伤。

在这个成长阶段,父亲还需应对另一重要丧失:中年怀旧。随着儿子性萌芽的出现,父亲可能会回溯到自己风华正茂的岁月,回味昔日的荣耀与辛酸。这种情感投射使得中年男性常被贴上"油腻"的标签,成为了一种社会刻板印象,颇感遗憾。

另外,父亲为儿子的成就感到骄傲是自然的,但嫉妒之情亦难以避免。看着儿子青春焕发,父亲可能会感到自

己年华老去。然而，这种嫉妒不必羞愧，因为他不是第一次嫉妒儿子。早在儿子降生之初，父亲就曾因儿子夺走妻子的关注而嫉妒，但这份情感很快被性别认同和父子间的特殊情感所替代。

但青春期不同，儿子渐行渐远而非靠近，这使得父亲的嫉妒日益加剧。父子间的联结逐渐疏远，父亲只能独自承受这份嫉妒，眼睁睁地看着儿子蜕变为"翩翩少年"，而自己则步入"垂垂老朽"。这或许是父亲首次深刻体会到，他与儿子的道路正在分叉而非交汇。

总结

面对青春期儿子与自己分化带来的痛苦，如果父亲能够以积极的方式应对——既不抱怨儿子，也不因儿子的不屑一顾而陷入自我批判或消极退场的情绪，他将在未来的岁月里收获更为满意的状态和儿子之间更深刻、更持久的情感联结。更重要的是，这种处理方式将促使父亲以更成熟的角度审视自己的竞争欲、嫉妒心、丧失感，以及中年人的身份认同感。如此一来，在青春期的旅程中，他不仅能成全儿子，也能成就更好的自己。

兴趣的火花

男孩对电脑编程很感兴趣,准备参加学校的编程大赛。

成年早期：

从依赖到独立的转变

在即将步入成年的关键时刻，年轻人需迈出坚实的一步，开始构建他们的自主生活：这需要他们像成年人一样独立承担社会责任，并逐渐脱离家庭的庇护。自主生活的构建涵盖了两大核心任务：一是在广阔的世界中定位自我，明确职业方向和发展道路；二是培养一段深厚且长久的亲密关系。这两项任务都充满挑战，需要付出努力和智慧。

在这一成长的转折点上，许多年轻人发现自己正站在人生的十字路口，面临着各种选择和挑战，没有一张现成的"地图"能为他们指明方向。因此，我们常常用"动荡的二十岁"来描绘这个人生发展阶段。

就父亲而言，他们需与儿子共同迎接新的角色挑战。

成年早期：从依赖到独立的转变 | 095

这个阶段父子关系温暖有爱，已不似青春期充满竞争与张力。随着儿子逐渐成熟，父子间力量对比转变，关系趋向平等。如今，父亲更似一位经验丰富的老友，与儿子并肩前行。

在这一阶段，父亲面对儿子即将独立的人生，需转变为"远距离父亲"。他们需克制过多的评价，将更多的直接指导权交给儿子生命中的其他成熟男性。然而，鉴于儿子在探索成年世界时可能遇到的挑战与困惑，父亲需保持在场外的守望状态，随时准备在儿子需要时伸出援手，陪伴他勇敢地面对生活的冒险。

✿ 儿子再度挣脱束缚

这个阶段的年轻人正经历心理学家所说的"第三次分离—个体化"的重要过程。他们深知，肩负着向成熟迈进的责任，需要积极采取行动，逐步脱离父母的庇护，告别童年的依赖，从而塑造一个独特的成年人身份认同。我们可以将这些正在探索与成长的年轻人亲切地称为"新手成年人"。

这些新手在人生的此阶段，核心发展任务是作为学徒，学习并塑造一个成熟的男性身份认同。他们正经历一个关键的转折点：一方面，他们开始走出原生家庭的舒适区；另一方面，他们尚未建立起稳固的个人生活或家庭。因此，他们所追求的独立往往显得脆弱，许多人在经济和情感层面仍需要父母的支持。

与此同时，20岁的年轻人开始能够清晰地描绘出他们的"个人梦想"。他们努力审视自己在成人世界中的定位，并深入探索自己的真实身份和人生目标。一旦他们意识到自己的内在潜力和可能成就，便会充满热情和活力，这种动力将推动他们坚定地迈向更加成熟的成人世界。

年轻人凭借青春时期锤炼的技能，着力展示自身能力与天赋，塑造独特的公众形象。他们塑造"外在自我"以在成人世界赢得赞誉，渴望成为同伴、同事及自我心中的"英雄"。这种渴望促使他们

追求卓越，成就非凡，即使需要付出高昂代价也在所不惜。

父亲通过支持儿子的个人梦想，实际上是在认同并鼓励年轻人的探索精神。这一过程中，父亲需要放下自己作为英雄的期待，转而将英雄梦想的接力棒传递给儿子。许多父亲在孩子

降生时便意识到,他们更关注的是孩子未来的道路,而非仅仅延续自己的成就。

尽管年轻人表面显得叛逆或独立,内心却渴望着父亲的认可,特别是对于他们的男性气质和独立构建的男性身份。他们面临的主要挑战是建立稳定的事业和亲密关系,但常常因为自己不够成熟或缺乏男子气概而感到困扰。特别是在困惑与羞愧时,他们更渴望得到父亲的肯定,以确认即便努力尚显稚嫩,也不会削弱他们的男性魅力。

可见,父亲的认可对年轻人至关重要,因为这种认可能让他们感受到尊重,进而顺利去理想化父亲——这一过程始于青春期后期。感受到父亲支持后,年轻人不再过度崇拜父亲,而是收回投射在父亲身上的力量,将其内化,从而培养出更实在、更成熟、更完整的男性气质。

✱ 父亲需采纳新型的指导策略

然而,在这一成长阶段,父亲的角色转变为"场边指导者"——给予儿子祝福,但避免过度干预和积极建议。

我们深知,成为一个完整的个体意味着在一生的各种取舍中寻求平衡。对于年轻人来说,尤为关键的是在他们的本能冲动与日益成熟的心智之间找到和谐共处之道。而掌握这种平衡,正是他们在世界上确立自己位置的基石。

面对困扰,父亲应引导年轻人运用他们的"梦想"来审视自己是否有能力作为一个成年人规划未来,并作出明

智的决策。一个有着明确目标的成年男性,将更善于倾听自己内心的声音。最终,他们将更接近自己内心的权威,更加清晰地理解在成为负责任的成年男性道路上,哪些是值得追求的,哪些是需要放弃的。

对于父亲而言,展示权威已不再是重点,即使他过去在儿子心中拥有这样的地位。如今,更重要的是激发并培养儿子内在的权威感。只有这样,年轻人才能摆脱对父亲的依赖,成为一个自信、有决断力的个体。

✦ 给予孩子挣脱的自由

有些父亲在面对儿子对其成人生活的规划和决定时,往往难以释怀。然而,作为父亲,他们应当意识到儿子有权追求自己的梦想。虽然父亲可以设定一些界限,比如在经济支持上有所保留,但他们更应该尝试去理解并支持儿子的梦想。同时,父亲也需要学会面对自己的失望和不安,

因为这是儿子成长和独立过程中不可或缺的一部分。

简而言之,父亲应当给予儿子足够的空间,让他们自主决定自己的人生方向,并鼓励他们勇敢前行。最终,父亲需要认识到自己的期待与儿子的选择之间可能存在差异,并学会接受这一事实。

这并不是父亲第一次为孩子牺牲。早在儿子还是婴儿时,父亲让出妻子心中的主角位置给儿子,便于妻子全身心抚养。青春期时,父亲放下了自己的英雄形象,让儿子找寻自我认同,并崇拜其他男性。如今,随着儿子成年,父亲再次面临挑战,需要理解并接受儿子独特的身份认同和自主选择的生活方式。

父亲对儿子成年选择的认同,构建了平等的交流环境。他们意识到,尽管各自经历不同,但作为男性,彼此间是平等的。关键在于父亲的坦诚,分享年轻时的挑战、错误

和脆弱。这样做,儿子将不再背负成为完美男人的沉重包袱。通过深入的沟通,父子俩共同成长,促进彼此的成熟。

在这个成长阶段,父与子各自领悟了至关重要的人生真谛。年轻人开始独立地审视世界,不再完全依赖父母的视角,这是离家自立的重要一步。与此同时,父亲也意识到岁月的痕迹,承认自己的局限与不足,并放下了对完美父亲形象的执着追求。

每位父亲都怀揣着期望,坚信自己的儿子非比寻常,能成就一番伟业,如卓越学者、名医、商界巨擘,乃至政

府领导。而儿子的荣耀,在父亲眼中,更是自己荣耀的延续,期望儿子的成就能为自己带来无尽的骄傲和光芒。

然而,在成长的过程中,现实逐渐超越理想。父亲必须面对事实:他对儿子人生道路的决定性影响已减弱。儿子的

未来属于他自己,他将独立面对一切。父亲能做的,唯有给予最真挚的祝福,相信儿子已准备好迎接属于他自己的未来与挑战。

✱ 培养儿子的情感亲密度

除了追求职业成功,年轻人还面临着另一个至关重要的挑战,那就是寻求并建立持久的亲密关系。他们面临的主要冲突在于亲密与孤独之间的抉择——他们必须选择是在亲密关系中实现自我成长,还是面

临被社会边缘化、感到孤独的风险。

在建立亲密关系中,双方需拥有坚实的自我。成熟的伴侣关系基于相互对边界的尊重与安全感,让彼此能安心地进入对方的世界。只有双方保持自我认知,又共同追求情感深化,关系才能自然升华。男性需认识到伴侣的客观存在,尊重其主观经验。亲密关系的保持需要双方的牺牲、妥协,即展现脆弱。但男性常因社会压力而难以展现这些,认为这是软弱的象征。

如果父亲希望助力儿子建立有意义的亲密关系,他需以身作则,与包括儿子在内的成年人建立相似的关系作为

榜样。当父亲能支持儿子实现个人自主性，并珍视其独特的男性魅力时，他实际上为儿子在未来建立健康、成熟的亲密关系奠定了坚实的基础。

父亲若未能树立建立亲密关系的良好榜样，年轻男性可能因此回避真正的亲密关系。缺乏父性指引的年轻人可能远离亲密关系，或转而寻求刺激和新鲜感，陷入表面的、不稳定的伪亲密关系中。若男性无法与伴侣建立真正的情感连接，他们可能会在自我中心的孤独中感到深深的疏离。

✳ 眼中的父亲

对许多 20 岁出头的男性而言，未能正视父亲的真实形象，接纳其力量与脆弱，他们的成人之旅便不完整。在"追寻"父亲的旅程中，年轻人渴望构建独特的身份，但终将发现，许多特质与父亲如影随形。成年后，他们可能惊讶地认识到，自己的行为与父亲年轻时竟惊人相似。

理解并和解与父亲的关系，是人生中无比珍贵的福气，但这并非易事。父亲的缺席或遗弃可能让父子间的鸿沟难

以逾越。有时,父亲无法陪伴,或因情绪困扰,或因疾病而离世。然而,生命中总有奇迹,有些和解能够超越生死,彰显爱的力量,让心灵得以靠近。

尽管部分年轻人未能得到父亲的直接引导,但强烈的内在需求促使他们探索并理解自己的父亲,以深化自我认知。他们心中的父亲形象可能复杂或片面,但这一形象是他们构建自我时的重要参照。为了变得成熟,形成独特的男性特质,年轻人应努力理解和接纳父亲。

"为父正名"可以帮助儿子找到自我定位，摆脱对父亲的无意识模仿或反叛。对于缺乏父爱或陪伴的年轻人，这过程是和解的契机，情感成熟的关键。同时，父亲也应正视自己缺席，未能陪伴儿子成长的遗憾。

反之，有些父亲因深刻认同儿子成年后追求自主自立的决心，故能传承男性"英雄主义"的精神给儿子。若父亲鼓励儿子以自己的方式，满怀热情地追求事业，那么儿子对自己所选之路将更加坚定不移。

总结

尽管现代男性在"动荡的二十岁"中花费的时间更多，但他们终究会步入成家立业的阶段，开启属于自己的独特人生旅程。紧接着的关键一步，成为父亲，不仅将深化他们的自我体验，也会使他们的父亲角色更加丰富多彩。在未来的日子里，父子二人将携手共进，迈向一个充满希望的全新阶段。

重拾父子情

王晨,24岁,失恋又失业,痛苦不堪。

成年中期：
建立成年父子间的平等对话

并非所有男人都会戏剧性地成熟，但多数男性在30多岁时深感自己"长大了"。大约在28至33岁的"三十岁转变期"，他们认识到20多岁的成年准备阶段已过去，不再青涩，而是成为能独当一面的成熟男性。这个转变标志着他们已准备好承担更多责任，成为"完全靠自己的人"。

从此刻起，男性为了追求成功，他们开始更加坚定地表达自我，构筑起不可动摇的权威。随着与父母的心理分

化彻底完成,人生进入了全新的"自负盈亏"阶段:是时候在职场上展现扎实的专业能力了;是时候凭借自己的力量,为家庭和社会树立稳固的基石了。

在早期的阶段,父子间的发展目标往往呈现对立,但如今,他们渐渐发现彼此的目标趋于一致,共同点增多。两人都投身于一项具有积极社会意义的事业中,为了实现孩子的梦想和抱负,他们各自放下了部分个人的英雄梦想。年轻的父亲此刻正致力于与孩子们建立深厚的情感纽带,而年长的父亲则在这一阶段体验着一种深沉的"繁衍感",享受着家族传承带来的满足与喜悦。

繁衍感是一种深刻的使命感,它驱使个体超越自我,致力于影响后世。无论是亲自养育子女,还是投身于能留名青史的事业,人们都渴望为后代留下不朽的

遗产。拥有繁衍感的中年父亲，不再沉湎于过往的青春，而是专注于培养后辈成为更完善的人。他们视此为生活的真谛，通过传承与培育，不仅实现了自我价值的延续，也缓解了面对死亡的焦虑与不安。

❀ 父子相砥，历练成熟男子风范

在生活的长河中，随着岁月的流转，男人逐渐褪去青春的稚气，步入成熟稳重的阶段。他们开始不再过分关注外界对于"真男人"的刻板定义，不再纠结于是否符合某种社会期待的形象。

在这一阶段，男子气概的核心特质——成就需要，也会随着岁月的沉淀而逐渐变得淡然。

这种变化并非偶然，而是男人内心成长和成熟的自然表现。他们开始意识到，真正的男子气概不仅仅体现在外在的强悍和成功上，更在于内心

的坚韧和品质。他们开始更加关注自我内心的成长和修养，努力培养自己的滋养和柔软的特性。这种特性让他们更加懂得关爱他人、理解世界，也让他们更加具有包容性和同理心。

当男人步入中年，他们的心境更加开阔，更加懂得欣赏生命的多样性和丰富性。他们开始更加关注自己内心的和谐与平衡，努力弥合心灵中的两极性。他们不再过分强调男性化和女性化的二分法，而是更加注重性别之间的互补和融合。同时，他们也会努力缓和创造性和破坏性、依恋和分离等两极性对立的情况，让自己的心灵更加平静和安宁。

在这个过程中，中年男人的儿子往往扮演着重要的角色。他们陪伴在父亲身边，倾听他们的心声，理解他们的感受。他们用自己的行动和言语给予父亲关爱和支持，帮助父亲实现心灵的成长和转变。父子之间的这种相互磨砺和历练，不仅让儿子更加成熟和稳重，也让父亲更加深刻地理解生命的意义和价值。

因此，父子相砺，不

仅仅是一种情感的交流和互动,更是一种精神的传承和延续。在这种相互磨砺和历练中,父子二人共同成长、共同进步,历练出成熟男子的风范。

✢ 共创更多成长机会

父子关系在儿子成为父亲后发生显著变化。许多中年父亲渴望孙辈的到来,这种喜悦与暮年感受相伴。成为祖辈后,男人的死亡焦虑得以缓解,同时也为他们提供了解决与子女先前问题的契机。孙辈的降临不仅带来欢乐,更促进了父子之间的和解与理解。

中年父亲与年轻父亲通过孩子的互动,能够洞察到彼此间的隔阂和代际问题。孩子的诞生与成长,成为修复父子与祖孙关系的契机。例如,年轻的父亲可能不满自己父亲对孙子的无条件接纳,回想起自己

儿时的不同待遇,这种对比促使他们重新审视和修复彼此间的关系。

对爷爷而言,目睹儿子承担起父亲的角色,会改变他对这位新父亲的看法。对于众多男性,成为祖父意味着人生最后的机会去塑造一个温和甚至"理想化"的长辈形象,这一机会稍纵即逝,不容错过。

许多中年父亲可能觉得被独立成长的儿子"抛弃"。然而,好父亲不会强求儿子依赖自己以确认价值。他们接受儿子的独立,并支持其独特的父爱表达,允许儿子继续成长。这种放手之爱,展现了父亲成熟的共情能力,它无须牺牲儿子的个体化来满足自己的自恋需求。

更为关键的是,当一个中年父亲接纳儿子作为一个成熟的男性个体进一步分化时,他将会获得一次珍贵的机会,去重温并追寻自己年轻时的梦想与未竟的生命可能性,这

些曾因家庭和社会责任而被搁置的梦想，将有机会在儿子的独立中得以重生。

值得注意的是，父子间的相互理解与帮助无须孙子辈催化，养育孩子仅是繁衍感的直接表达。男性即便不选择成为父亲，也能通过其他方式获得繁衍感，如担任导师、教练或投身助人事业。生命阶段的发展任务并非仅依赖儿孙满堂，关键在于是否愿意投入时间和精力滋养新一代，放下自恋，真心支持年轻一代成长并获取自主性。这样的付出，即是真正的繁衍。

中年男性追求生命的意义与完整感，珍视能影响后世的事物。这种不朽感不仅源自血缘和家庭，更源于行为和作品对后世的影响。他们通过创造、传授与赠予，展现出"大繁衍感"。大繁衍感远超培育孙辈，它是一种广义的传授行为，致力于启迪今日与未来的年轻人，助力世界生生不息地繁衍。

✦ 调和父子之间的差异：从对立到理解

在人生的旅途中，父子关系常常伴随着复杂的情感与

挑战。然而，当父子两人能够携手走向成熟，他们之间的关系将经历一次质的飞跃。这种成熟不仅体现在年岁的增长上，更在于心态的转变与理解的加深。

当父子俩都能以开放的心态面对彼此的差异时，他们不再将这些差异视为威胁或危险的信号，也不再将之解读为对方比自己强大的证据。相反，他们开始意识到，每个人都有自己的观点和经历，这些不同构成了人生的丰富多样性。当遇到意见不合时，他们选择将这些不同拿出来作为一个话题进行讨论，而不是逃避或争执。

在这样的氛围下，父子俩的对话过程虽然有时依然激烈，但愤怒、责备和防御已经不再是主导。取而代之的是理性的交流、耐心的倾听与相互的尊重。这种转变不仅让他们更加了解彼此，也让他们更加珍惜彼此的存在。

然而，值得注意的是，意义深远的和解并非总是能够

轻松自然地达成。在现实生活中，很多儿子只能在内心与其父完成和解。这可能是因为他们的父亲无法进行有效的沟通，或者已经离世。在这些情况下，儿子需要经历一个自我疗愈的过程。他们需要哀悼那个自己一直以来渴求的理想化父亲，并学会回过头来理解和接纳那个他们真实拥有过的父亲。

这个过程虽然痛苦，但却也是成长的必经之路。通过这个过程，儿子不仅能够更好地理解自己的父亲，也能够更加深刻地理解自己。他们开始明白，每个人都有自己的局限性和不足之处，正是这些不完美之处构成了人性的真实与丰富。

因此，调和父子之间的差异并不是一蹴而就的，它需要双方的共同努力和时间的积累。但只要我们能够以开放的心态去面对彼此的不同，以理解和尊重去沟通与交流，我们就能够建立起更加和谐、更加深厚的父子关系。

总结

成年中期是父子关系发展的重要阶段，此时双方均趋向成熟，能够建立更为平等的对话关系。这种对话基于相互尊重和理解，父子间不再仅是权威与服从，而是共同探讨和分享。这种转变不仅有助于解决过去的误解和隔阂，更能促进双方心灵的深入交流，共同书写和谐的家庭篇章。

成年后期：
智慧应对中年之路

在人生的旅途中，中年是一个重要的转折点。我们不仅要面对个人的挑战和困惑，还要承担起更多的家庭和社会责任。而在这个关键时刻，有一个人，他用自己的智慧和经验，为我们指引方向，与我们共同面对风雨。他，就是我们的父亲。

在这一章中，我们将一同探索中年父亲如何与成年儿子共同应对中年危机中的丧失感，分享彼此的感受和体验。

我们将看到父亲如何用自己的经历和故事,为儿子提供宝贵的人生建议;而儿子,则通过与父亲的交流,逐渐领悟到生活的真谛,学会更加成熟和理智地面对人生的起伏。

此外,我们还将深入探讨男人的中年转折。这是一个充满挑战和机遇的阶段,男人需要重新审视自己的价值观和生活方式,寻找新的生活方向。在这一过程中,父亲的

经验和智慧将发挥至关重要的作用，帮助儿子顺利度过这个重要的转折期。

让我们一同跟随这对父子的脚步，感受他们在中年危机中的共同成长与蜕变。相信在他们的故事中，我们也能找到属于自己的启示和力量。

✥ 父与子共同应对中年丧失感

父子关系步入成年后期，固然有许多值得庆祝的成长与收获，但无可避免地，两人都需直面与丧失相关的深刻议题。儿子逐渐成熟，需要适应父亲不再如昔的强健与力量；而父亲在岁月的洗礼下，也必须面对儿子已然长大成人、不再依赖自己的现实。

接纳儿子成年与成熟后，父亲往往步入"空巢"心理阶段。曾几何时，儿子二十几岁，尚在探索人生，父亲

作为保护者和引导者很有价值感。如今，儿子已自成家庭，职场成就显著，独立分化。面对此景，父亲常觉自身重要性减弱，价值感不如往昔。

通常，母亲较父亲更早体验"空巢"现象。儿子在成长的重要阶段（如学步、青春、成年早期）逐步与母亲分化，转向父亲寻求引导。母亲常面临丧失感，而父亲则认同此分化，与儿子建立新纽带。然而，当儿子成熟成家，父亲亦会感受丧失，成为"失业家长"，如同母亲之前所经历。

许多老去的父亲，面对儿子日益成长，甚至在某些方

面超越自己的现实,会感到被取代的纠结。他们中的一些人,在身体机能衰退的焦虑中,可能通过挑剔和打压儿子来寻求掌控感。而另一些父亲则选择默默接受现实,黯然退出舞台。

然而,成熟的老父亲会耐心承受包括丧失感、被排斥和嫉妒在内的负面情绪。他们支持儿子的个体化进程,而非打压。他们寻求新途径确认自身价值,而非依赖儿子的依赖。真正的成功之父,应懂得儿子与自己地位平等、独立,这是父亲成就的体现。

另一方面,儿子渐渐察觉,父亲已不能持续庇护自己,安全感不再如昔。更为严峻的是,许多男性在30多岁时,会遭遇"绝对安全感"的破灭。这一曾经助他们成长的幻觉消失

后,他们意识到,父亲无法永远守护自己,世上亦无绝对的安全。这种认识促使他们更加独立,面对现实。

因此,父子双方在此时均需直面"存在性的脆弱",即生活固有的无常与不确定性。曾给予安全感的工作、成

就、物质、家庭与友谊，在衰老、疾病、死亡面前，均暴露出无常的本质。这些并非无足轻重，但在生命的终极考验前，它们无法提供终极的安全保障。

理解并接受死亡，是中年生活的核心。对于日渐成熟的儿子与步入晚年的父亲，它亦是他们情感连接的纽带。接纳生命的必然终结，让我们更加珍视生活的每一刻，深知生命的宝贵，因此有责任使每一天都充满意义。

对于成熟者来说，最难以忍受的是"荒废生命"，因此中年时人们开始直面"存在危机"。成熟的儿子与老去的父亲，各自哀悼人生幻觉的逝去，接纳自身、所爱与生

活局限。此过程中，父子体验与智慧相互启迪，父助子，子益父。人生短暂，当父子分享这些理解与感悟时，他们为双方面对生命不确定性提供了理解与慰藉，共同面对生活的无常与不确定性。

❋ 男人的中年转折期

男人的成熟期，犹如一幅绚烂的画卷，和解与领悟交织其中，生活亦带来诸多挑战与惊喜。此阶段的巅峰，常被称为"中年转折"，然而若处理不当，则可能演变为"中年危机"，成为人生的考验与转折。

中年危机常被大众文化以荒诞行为描绘，如冲动购车、冒险受伤等，但真实的中年挑战却严肃而沉重。感受到青春已逝、人生目标模糊、生命有限性的紧迫，这些都是中

年男性必须直面的现实。这些挑战并非笑料,而是人生旅程中的严肃课题。面对中年危机,需要的是深思熟虑和勇气,而非轻率地逃避。

未到中年,难以领悟"花有重开日,人无再少年"的深意。男人此时初窥老态,心中却保留着青春的影子。他对时间流逝有了新的认识,死亡变得触手可及。面对有限的余生,他开始思考:"我尚未完成的使命是什么?"这份追问成为他前行的动力。

对于多数男性,45岁之际,身体机能明显衰退,死亡不再是遥不可及的抽象,而是频繁浮现于生活与意识中,如同指向最终归宿的伙伴。伴随这种紧迫感,工作遭遇瓶颈,与父母的照顾角色颠倒,这些标志着中年期的到来。过去为展现阳刚之气和适应激烈竞争所累积的自负,此时逐渐消解。同时,我们的缺点亦愈发明显。

中年转折期,男性需直面死亡意识和焦虑,此过程促使自我中心意识转变,力量崇拜减弱。新任务涌现,更关注生命意义而非身份认同。被早年否定或舍弃的心理特质

将复苏。有些男性为防御焦虑，可能过度强化男性性器崇拜，加剧性别两极化，阻碍发展。若想避免此困境，男性在转折后会优先恢复洞察力、联结感和滋养性，以更成熟的态度面对人生下半场。

中年转折期，男性面临内心混乱，需放弃幻想、接受局限。常感厌倦或经历"抑郁危机"，源于年轻时为立足外界而限制内在发展。这种局限在中年引发痛苦，迫使他们重新审视自我，寻找内心的平衡与意义。

物极必反，受限的内心世界将引发反弹，推动我们重拾昔日放弃的自我部分，塑造更为柔和、易被社会接纳的男子气概，并接受自我局限。这是人生的心理转向，要求我们重视内在，秉持整合而非偏激的视角，寻回曾失落的

自我。

一般来说,男性常在 40～45 岁迎来人生的转折期,连接成年成熟与成年中后期。为顺利度过,需完成三项关键任务:一是审视并评估过往人生经历;二是调整生活方式,为步入中年做好准备,同时检验新选择的有效性;三是制定路线图,解决中年生活中的两极性问题,这些问题常割裂男性内在世界。

中年转折期对男性而言是场内心与现实的风暴。生活不确定性让人恐惧迷茫,不知未来

走向。困惑、疑虑、绝望交织,情绪波动难平。但如同青春期,与父亲的坚实联结成为他们的力量源泉。若父亲已逝,内化的父爱亦能给予支持,助他们面对转折,重寻方向。

完成中年转折后,男性步入成年中后期,转向内在世界,不再过度强调魄力和环境掌控。这标志着从追求外在目标到享受生活过程的转变。中年的基本转变

在于"人格的内在性增强",男性更加珍视生活的每一刻,而非仅仅追求结果,展现出内在更加成熟和丰富的人生态度。

> **总结**
>
> 在未来的日子里,男性不仅要培育子女,还将愈发感受到照顾年迈父亲的沉重责任。父子角色悄然转变,父亲或许时刻感受生命的脆弱。死亡的阴影为人生之路增添了沉重色彩,父子携手共行,历经情感波折。中年男性,曾经的青春少年,如今已步入长者行列,他将父亲的使命与荣耀传承给下一代,继续书写家族的传奇。

智慧应对中年之路

烧烤与人生

夕阳下，年轻人和父亲在后院烧烤，旁边有孩子们的欢笑声。

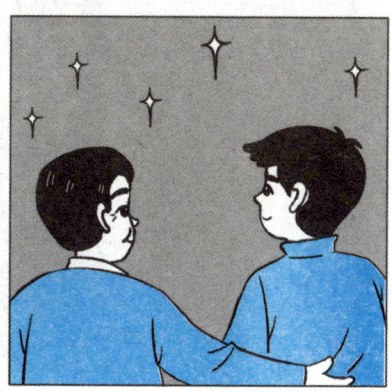

老年期初期：
为退休生活做准备

当岁月的车轮缓缓驶向人生的下半场，父亲们迎来了人生的新篇章——退休生活。在这一重要阶段，他们不仅要为自己的晚年生活做好周密的准备，还要努力保持与成年子女的紧密联系，共同编织家庭的新篇章。

在这一章中，我们将深入探讨父亲们如何制订退休计划。他们会根据自己的兴趣爱好、健康状况和经济能力，规划出丰富多彩的退休生活。无论是旅游、园艺、读书，还是参与社区活动，父亲们都希望能够在退休后找到新的

生活乐趣。

　　同时，父亲们也会重视与成年子女的沟通和交流。他们希望与子女分享自己的退休生活，了解子女的近况，共同回忆过去的美好时光。在这个过程中，父亲们不仅能够感受到家庭的温暖和关爱，还能够为子女提供人生经验和智慧的指导。

　　此外，父亲们还会关注退休生活的挑战和机遇。他们知道退休生活可能会带来一些孤独感和生活节奏的变化，但他们也相信这是一个重新开始、追求新生活的机会。他们会积极调整心态，适应新的生活方式，享受退休带来的自由和宁静。

❄ 规划退休蓝图

当父亲们步入人生的晚年，退休生活不再是遥不可及的未来，而是近在咫尺的现实。这个重要的转折点，标志着他们即将告别忙碌的职业生涯，迈向一个全新的生活阶段。在这个阶段，退休生活不应是突如其来的空白，而应是一幅经过精心规划、充满色彩和活力的蓝图。

首先，父亲们会根据自己的兴趣爱好来规划退休生活。他们可能会选择追求文化艺术的熏陶，比如参加书法班、绘画班或音乐班，通过艺术来丰富自己的精神世界。他们也可能热衷于户外运动的锻炼，如徒步、骑行、钓鱼或打高尔夫球，享受大自然带来的宁静与快乐。此外，有些父

亲可能喜欢沉浸在家庭园艺的乐趣中,种植花草、果树或蔬菜,用双手打造出一个美丽的绿色空间。

在规划退休生活时,父亲们还会充分考虑自己的健康状况。他们会根据自己的身体状况和医生的建议,选择适合自己的运动方式和锻炼强度。他们可能会制订一个合理的饮食计划,注重营养均衡和健康饮食。此外,他们还会关注心理健康,学会调整和保持积极乐观的心态。

经济实力也是父亲们规划退休生活时需要考虑的重要因素。他们会根据自己的经济状况,制定合理的财务计划,确保退休后的生活质量。他们可能会选择投资理财产品,增加收入来源;也可能会选择节约开支,降低生活成本。无论采取何种方式,父亲们都会努力确保自己的退休生活能够有足够的经济保障。

在规划退休蓝图的过程中,父亲们还会考虑如何与家人共度美好时光。他们可能会计划与家人一起旅行、聚餐或参加各种家庭聚会，增进彼此之间的感情。他们也会关注子女的生活和工作情况，给予他们必要的支持和帮助。通过这些方式，父亲们不仅能够在退休后享受到丰富多彩的生活，还能够与家人共同编织出更加温馨和谐的家庭氛围。

总之，父亲的退休生活不应是突如其来的空白，而应是一幅经过精心规划、充满色彩和活力的蓝图。他们会根据自己的兴趣、健康状况和经济实力，选择适合自己的生活方式和活动方式，让自己的退休生活更加充实、美好和有意义。

✳ 精神储备与心理调适

退休生活,为父亲们打开了一扇通往自由与宁静的大门,但同时也带来了角色的转变和心理的调适。工作日的忙碌和压力逐渐远去,取而代之的是更为充裕的时间和空间的自由。然而,这种转变并非一蹴而就,父亲们需要学会适应新的生活节奏,进行精神储备和心理调适,以更好的状态享受退休生活。

首先,阅读是父亲们进行精神储备的重要途径。在退休后的闲暇时光里,他们可以选择自己感兴趣的书籍,无论是文学作品、历史传记还是科技新知,都能为他们带来丰富的知识和愉悦的阅读体验。阅读不仅可以拓宽视野,还能让父亲们在思考中保持敏锐的思维和活跃的想象力,从而减缓因

年龄增长而带来的认知衰退。

其次,旅行也是父亲们进行精神储备和心理调适的绝佳方式。他们可以选择前往心仪已久的旅游胜地,感受不同的风土人情和文化氛围。在旅途中,他们可以欣赏美丽的自然风光,体验新奇有趣的活动,结交新的朋友,这些都能为他们带来无尽的快乐和满足。旅行不仅能丰富父亲们的退休生活,还能让他们从繁忙的工作和生活中解脱出来,放松心情,舒缓压力。

最后,社交活动也是父亲们进行心理调适的重要手段。他们可以参加社区组织的各种活动,如太极拳、广场舞、棋牌比赛等,与志同道合的伙伴们一起度过愉快的时光。这些活动不仅能锻炼身体,还能增进彼此之间的友谊和信任。此外,父亲们还可以通过网络社交平台与远方的亲朋

老年期初期：为退休生活做准备

好友保持联系，分享彼此的生活点滴和心情变化。这种跨越时空的交流方式，让父亲们的退休生活更加丰富多彩。

在心理调适方面，父亲们需要学会放下工作中的压力和焦虑，以更加平和的心态面对退休生活。他们可以通过冥想、瑜伽等方式来放松身心，缓解紧张情绪。同时，他们也需要保持积极乐观的心态，相信退休生活同样可以充

满希望和乐趣。他们可以制定一些实际可行的目标,如学习新技能、参与志愿活动等,让自己在退休后依然保持充实和有意义的生活。

可见,精神储备与心理调适是父亲们享受退休生活的重要保障。通过阅读、旅行、社交等方式进行精神储备,父亲们可以保持积极乐观的心态,以更加健康、充实和有意义的方式度过退休生活。

✿ 与成年子女的沟通与联系

退休,对于许多父亲来说,是一个生活阶段的转折点。这标志着从繁忙的职业生涯中解脱出来,拥有更多的时间和自由来享受生活。然而,退休并不意味着与成年子女的联系应该减少,反而,这是一个极好的机会来加深与子女之间的情感纽带,共同创造更多美好的回忆。

父亲们从工作中解脱出来,他们有更多的空闲时间与

子女进行深入的对话。这些对话可以围绕日常生活、工作、家庭、朋友等话题展开，让彼此更加了解对方的生活状态和情感变化。通过分享彼此的生活点滴，不仅可以增进感情，还能让父亲们更加了解子女的需求和期望。

当子女向父亲们倾诉烦恼或分享喜悦时，父亲们应该认真倾听，给予他们足够的支持和理解。这不仅能让子女感受到家庭的温暖和关爱，还能帮助他们更好地应对生活中的挑战。同

时，父亲们也可以向子女请教一些自己不懂的问题，这不仅能增进彼此的互动，还能让父亲们保持学习的热情。

在沟通的过程中，父亲们需要学会放下过去的权威和掌控欲。退休后的生活是一个新的开始，父亲们应该以一个更加平等和开放的心态与子女相处。他们应该尊重子女的独立性和选择权，不要过分干涉他们的生活。当子女提出自己的意见和建议时，父亲们应该认真考虑并尽量采纳，这不仅能增进彼此的信任，还能让家庭氛围更加和谐。

此外，父亲们还可以邀请子女参与自己的退休生活规划。他们可以一起制订一些家庭活动和旅行计划，共同创造美好的回忆。这些活动不仅可以增进彼此的感情，还能让父亲们感受到家庭的温暖和关爱。同时，子女们也能从中学到很多东西，如规划能力、组织能力等。

最后，父亲们应该给予子女足够的支持和鼓励。无论子女在事业还是生活中遇到什么困难，父亲们都应该站在他们身边，给予他们足够的支持和鼓励。这种支持不仅能让子女感受到家庭的温暖和关爱，还能帮助他们更好地应对生活中的挑战。

✱ 家庭支持与互助

当父亲们步入退休生活，他们可能会遭遇一系列新的挑战和困难。这些挑战可能源于身体机能的逐渐衰退、社会角色的转变带来的心理适应问题，或是突然增多的空闲时间带来的孤独感。在这个关键时刻，家庭的支持与互助对于他们的生活质量具有不可估量的价值。

子女们应当给予父亲们足够的关心和照顾。这不仅仅体现在物质层面，如提供舒适的生活环境、合理的饮食安

排，更重要的是在精神层面给予他们支持和陪伴。子女们可以定期与父亲沟通，了解他们的内心需求，帮助他们解决心理困惑，共同分享生活中的喜怒哀乐。此外，鼓励父亲参与家庭活动，如聚餐、旅行、庆祝节日等，也是增进家庭感情、缓解孤独感的有效途径。

同时，父亲们也应该积极参与家庭事务，为家庭贡献自己的力量。他们可以利用自己的经验和智慧，为家庭提供宝贵的建议和指导。在照顾孙子孙女方面，父亲们可以

发挥自己的耐心和爱心,陪伴他们成长,分享生活的智慧和快乐。此外,他们还可以利用自己的技能和资源,为家庭带来一些新的想法和创意,推动家庭的持续发展和繁荣。

家庭支持和互助对于退休后的父亲们至关重要。子女们的关心与陪伴,父亲们的积极参与和贡献,共同构成了家庭和谐幸福的基石。在这个特殊的人生阶段,让我们一起携手走过,让退休生活成为家庭团结和温暖的见证。

总结

在老年期初期,父亲们需要为退休生活做好充分的准备,同时保持与成年子女的紧密联系。通过合理的规划和努力,他们可以度过一个充实、幸福和有意义的晚年生活。在这个过程中,父亲们不仅可以实现自我成长和提升,还能为家庭和社会贡献更多的智慧和力量。

漫画剧场

父亲的金色晚年——家庭聚会

父亲退休后的第一个周末,子女们相约回家聚会。

老年期中期:
父子角色的微妙转变

中年男人与其年迈的父亲之间的关系,往往会在人生的某个阶段经历一次微妙的转变。长期以来的平等与稳定,逐渐被新的依赖与责任所替代。年迈的父亲在身体、情感乃至经济上逐渐依赖儿子,而儿子则需要在照顾自己孩子的同时,承担起照顾父亲的责任。

这种转变对双方来说,都伴随着挑战与痛苦。然而,正是在这样的时刻,父子之间可能会发现他们比过去更加紧密地联系在一起。面对生命的脆弱与死亡的逼近,他们开始更加珍惜彼此之间的时光,放下过去的误解与隔阂,专注于生命中真正重要的事情。

他们认识到,保持活力与相互

支持的重要性。为了应对彼此间复杂的情感以及衰老带来的不确定性，他们开始寻找沟通与理解的方式。共同的目标与愿望让他们在这个转折点上携手前行，更加珍惜彼此之间的陪伴。

虽然这段旅程充满了挑战，但中年男人与其年迈的父亲都明白，这是他们生命中不可或缺的一部分。他们共同面对生活的起伏，分享彼此的快乐与悲伤，这种深厚的情感纽带将他们紧密相连。

✳ 中年不惑

从中年到晚年，男性经历人生的第四次分离——个体化。他们逐渐接纳身体与情感的局限，放下昔日辉煌的梦想。此时，他们体验到一种内在的发展需求，不再被行动和外界期待所驱动,而是开始关注内心的平和与自我实现。中老年男性需重新调整步伐,以未泯的童真和未老的雄心,面对生活的起伏与变迁。

在进入中年之前,男性全心投入于塑造自我身份,无论是在现实还是内心层面,他都力求游刃有余。然而,随着步入中年以后,他开始寻求更深层次的意义,设定新的生活与工作目标。这些目标将引领他接下来的道路,并激励他打破传统框架,以持久而灵活的姿态,面对即将到来的各种挑战。

在这个阶段,男性的身心都会经历转变。他们逐渐减少对外部证明的渴望,更渴望自由地展现真实的自我。曾经的行动导向开始淡化,转向更为内敛和整合的思考方式。在这个过程中,他们开始学会自我宽容,接纳那些曾被视为女性化而忽略或贬低的特质。这样的转变促使男性的自我认知逐渐去性别化,更加多元和包容。

此时,男性们努力在两极世界观中寻求平衡。他们曾经在生活中面临着诸多对立:年轻与衰老、男性与女性、主动与被动、善良与邪恶、孤独与依恋。然而,他们开始领悟到生命的真谛并非简单的非黑即白、非此即彼的抉择,而是在这些对立的两极之间,探寻出和谐共存的平衡点。

在男性步入人生的后半段,随着确定性的消逝,他们的精力开始自然地向内汇聚。相较于早

年追求明确目标和掌控环境（这是男性成长过程中的核心动力），中年男性开始学会品味生活的余韵。他们开始接纳自身的不足与过失，视其为人生旅程中不可或缺的部分。

特别是当一个男人坦然面对并接受自己在父亲角色中的局限时，他能够以更加现实却充满希望的心态，迈向生命的晚章。

男人目前的状态可形容为"在伟大之前必经渺小"。曾经为了在年轻的世界矗立起英雄形象，他们奋斗不息，但岁月流逝，那位曾经的英雄也日渐衰老，英雄之旅终将落幕。然而，若能在人生的下半场完

成自我"渺小化"的旅程,他们便不会因绝望或失败感而困扰。相反,他们将满怀希望地接纳真实的自己,并积极探寻赋予生命繁衍力和创造力的新途径。

然而,这并非易事。在担任父亲的角色中,一些男性难以正视自己的局限,也难以接受自己的不足,导致他们给儿子留下了难以应对悲痛、自责和悔恨的父亲形象。特别是当面对"自己并非完美父亲"这一事实时,男性往往极力避免感受到任何羞耻或自责。

对于许多男性而言,"我是一个无能的父亲"这一自我认知所带来的情感脆弱与羞耻是难以承受的。因此,他们倾向于采用指责他人、过度行动或分散注意力的方式来逃避面对自身的不足,以避免痛苦。然而,若年长的父亲能够勇敢地面对并克服这种羞耻感,不仅对自身有益,也将为子女带来深远的影响。

✿ 父亲的变老指南：给儿子的建议（一）

父亲还通过接受自己的衰老，来帮助儿子度过中年。谈及衰老，文化里充斥着贬低。想想那些负面的表达，比如"长江后浪推前浪，前浪死在沙滩上"或者"夕阳无限好，只是近黄昏"。尽管商业广告  中也会有白发老人的美好形象，但世俗仍然是喜朝气而厌衰老的。衰老意味着失败，意味着不体面，因此我们嫌而恶之，甚至以此为耻。

一个父亲若能够挑战传统观念，坦然面对衰老，既不沉迷于过去的青春岁月，又能积极寻求在身体、情感和精神层面保持活力的方式，那么他无疑为中年儿子树立了一个值得效仿的榜样。这样的父亲，在面对疾病、衰老和死亡的挑战时，展现出的坚韧与智慧，将持续激励并引导儿子们如何优雅地面对人生的各个阶段。

在男性步入60多岁或更晚的年龄时，他们通常会经历第五次分离—个体化进程，这是他们生命中倒数第二次

这样的转变,紧随着它的是生命的终点——死亡,这被视为最终的分离—个体化。在这个阶段,老年人开始与他们在早年构建的自我逐渐分化,逐渐意识到生命中真正能够留传给后世的,才是他们存在的本质。

为了成功应对这次分离—个体化带来的挑战,年长的父亲们需要学会接纳死亡的逼近,并为之做好充分的心理准备。

年迈的父亲在经历人生的晚秋时,必须敏锐地觉察到一种深层的内在转变,即他正在从"被岁月逐渐遗忘的个体"蜕变为"即将与世界告别的旅人"。在这个过程中,如果父亲能以开放和接纳的心态面对即将到来的死亡,他会产生一种深沉而强烈的

愿望，那就是将自己一生的智慧和累积的财富无私地分享给他人。

在生命的最后旅程中，父亲需要寻找那份内在的光明，这份光明既是对过往的回顾，也是对未来的期许。他以此与这个世界进行一场体面的告别，同时也为儿子在成年后期的生活提供了一份从容和力量。

更为重要的是，当父亲放弃所有关于永生的幻想，他实际上是在向儿子传授最后一堂人生课：如何以智慧和勇气面对生命的终结。这样的父亲，在生命的最后阶段里，依然能够发挥他的指导作用，教导儿子如何明智地、有尊严地迎接死亡。

在理想的情境中，父亲树立了一个"永恒"的榜样，他热情地参与儿子的成长旅程，深深欣赏并珍视儿子的独特魅力。在保持对儿子深沉爱意的同时，他也尊重彼此的差异和独立性。这样的互动让年迈的父亲深刻感受到，他为儿子所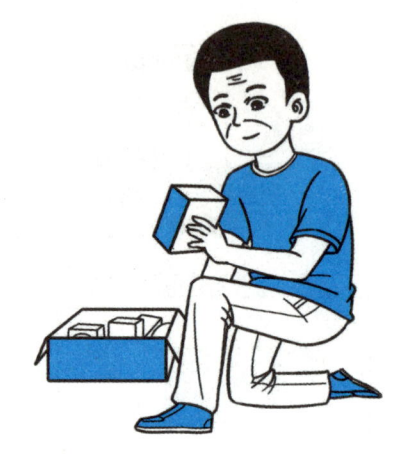付出的每一分努力与付出都是无价的，且充满意义。

随着岁月的流逝，父亲逐渐领悟，儿子的存在不仅为他带来了无尽的喜悦与骄傲，更在某种程度上超越了他自己的生命价值。他为儿子精心搭建了一个广阔的舞台，供其自由飞翔、持续成长。

这种深切的体悟，使父亲在面对生命的终章时，能够更加从容与坦然。他明白，自己的离去并不意味着爱的结束，而是另一种形式的延续。这份坦然与理解，也会在一定程度上减轻儿子在面对父亲离去时的悲痛，帮助他更平和地接受这个自然而又无法避免的过程。

❖ 父亲的变老指南：给儿子的建议（二）

正如前文所述，老年人所拥有的一种特殊能力，我们称之为"大繁衍感"，使他们能够超越时间的界限，将目光投向生活在遥远未来的人们。这种能力不仅体现在祖父母对孙子辈整体发展的关注上，更扩展至对年轻一代、即将到来的世代，乃至那些尚未出生的生命以及整个世界的深切关怀。

他们心怀天下，以天下之乐为乐，以天下之忧为忧。他们的目光超越了个人的局限，投向了遥远的未来，奉献着自己的力量与智慧，期许着子子孙孙能从他们留存于世的遗产中汲取养分，茁壮成长。在晚年，他们拥有超越自我、不沉迷于自我世界的能力，这种能力使他们能够深切体验到当下的宁静与愉悦，从而安享晚年，以更加从容和

优雅的姿态面对岁月的流逝。

对于一位拥有如此代际关怀的父亲而言，他和他的中年儿子都将有机会领悟到：在这个世界上，或许真有一种不朽，它超越了生命的短暂与死亡的界限，成为了一种永恒的存在。

然而，并非所有父亲都能成为孩子的理想榜样。有些父亲在失去自理能力后，开始依赖药物和儿子的情感与经济支持，这种转变可能引发他们的怨愤。另一些则陷入嫉妒，对儿子的健康、年轻和力量心怀不满，甚至心生诅咒。若这些负面情绪得不到妥善处理，父亲们可能会变得挑剔且难以接近，这不仅伤害了亲子关系，也让他们自身倍感痛苦。

另一种情况是，当父亲目睹中年儿子开始走下坡路时，心中充满了纠结和辛酸。过去，他们见证了儿子从初出茅庐到事业如日中天，无论是工作还是家庭，都给予儿子充分的认同和支持。然而，如今儿子步入中年，却首次展现出衰退的迹象，不再是那个他们心中的"少年英雄"。

面对儿子英雄形象的褪色，有些父亲开始对儿子的自我照料能力进行挑剔和批评。然而，这些批评背后实际上隐藏着父亲对自己未来的深深担忧——担忧自己老去后变得无用，余生只能依赖他人生活。他们不自觉地将这些焦虑投射到儿子身上，以愤怒和挑剔来宣泄。

因此，年长的父亲应寻求新途径适应晚年，持续完善自我，而非一味苛责儿子。他们应放下未竟的英雄梦，尊重儿子独立选择的中年生活，即使并不尽如人意。直面衰老与迟暮，是每位父亲必经的旅程，唯有如此，他们才能真正领略生命的全貌，体验生活的完整与深邃。

❖ 爱的回馈：儿子照顾年迈的父亲（一）

除了陪伴儿子应对中年挑战，老父亲还需直面自己的晚年危机。岁月匆匆，生命接近尾声，那种"时不我待"的紧迫感日益强烈。父子之间的情感复杂难明，既有深沉的爱，也有难以言说的矛盾。这些情感交织让父亲感到迷茫和痛苦。

在这一阶段，男性面临自我整合与自我厌弃的冲突。他们运用过往的成就与智慧，试图平衡内心的焦虑和孤独。幸运的男性会领悟生命完整的意义与价值，活出当下的精彩。即便身体与情感受限，他们依旧充满活力，积极生活。在消耗与重生的循环中，他们找到了自我与生活的平衡。

与此同时，中年儿子愈发坦然接受人生局限，深感时光匆匆。他努力摒弃偏见，学会接纳父亲那份或有瑕疵

的爱。尽管父子间的矛盾难以化解,他仍渴望在父亲晚年之际,尽力修复关系,重建心灵的纽带,以弥补过往的遗憾,珍惜最后的相伴时光。

对于那些在父亲角色上有所欠缺的老人,与儿子重归于好并非无望。在各自的中年、晚年之际,父与子总会不自觉地迈向原谅与和解的道路。无论过往关系如何,他们

都渴望有机会弥补，彼此都怀揣着和解的渴望。这是一种内在的动力，促使双方努力弥补裂痕，寻找共鸣，以达成心灵上的和解。

孤独与寂寞是老年男性面临的主要挑战。随着亲友离世，老父亲的孤独感日益加剧。由于男性寿命普遍短于女性，幸存的老年男性很难找到同龄男性伙伴分享晚年生活。在这种环境下，他们特别渴望有男性同伴的陪伴。

所以，儿子以朋友身份陪伴父亲晚年，能给予父亲深深的联结与亲密感，为他的生活增添意义与活力。晚年与人的亲密交往，是抵御孤独与绝望的良药。有无知己成为区分老人晚年生活的关键：有的老人因此选择社区生活，享受积极社交；而有的则可能因缺乏陪伴而需入住养老院。

一个中年儿子若能更深入地参与父亲的生活,将助力父亲保持兴趣,关心他人,并融入社会生活。这条路虽非坦途,挑战与困难常在,但坚定的意志会促使他不断探索,寻求帮助父亲的方法。他相信,通过努力,能让父亲的晚年生活更加充实与美好。

❋ 爱的回馈:儿子照顾年迈的父亲(二)

实际上,并非所有父亲都能欣然接受儿子的帮助。有些男性可能因为尴尬、愤怒或恐惧而在经济、情感或身体层面抗拒儿子的馈赠。这种情况下,他们往往对儿子表现出苛责和不满,使儿子也感受到无助和困扰。长期而言,这种互动模式不仅对儿子有害,对父亲自身亦是消极的,最终可能导致双方均受伤。

然而，大部分父亲，特别是那些长期与儿子保持紧密联系的父亲，更能够超越晚年的种种限制，心怀感激地接受儿子的付出。这些优秀的父亲能够正视自己在老去过程中产生的愤怒和沮丧，并努力平复这些情绪。

他们深知，儿子是他们最可靠的帮手，因为儿子是他们精心养育的成果。换言之，他们正在品尝着自己曾经播下的种子所结出的甜美果实。

当年迈的父亲与儿子产生冲突，敏感的儿子可能会敏锐地觉察到：这些冲突实则是父亲内心世界的映射。父亲们往往难以向另一个男人，尤其是自己的儿子，展示他们的脆弱、消极和无助，因为这对他们来说是一种沉重的心理负担和痛苦。

然而，若父亲以拒绝或挑剔的方式表达痛苦，对儿子而言是极为不利的。理想的做法是，儿子能巧妙地化解这些冲突，为日渐衰老的父亲提供不失尊严的支持。这些方法应让父亲感受到，晚年接受帮助是理所应当的，而非负担。

当儿子接纳父亲的脆弱时，父亲也将更容易正视自己的不足，并乐于接受这份来自亲情的帮助。

正如本章开篇所述，老年人普遍重视冲突的解决，无论是对外还是对内。即便是那些坚守"男性"刻板印象、展现强势自主的人，也会随年龄增长展现出更多的友善、温暖和宽容。事实上，许多老年男性开始更加接纳和运用过去被视为"女性化"的特质，如更频繁地表达自我，更乐意投入人际关系。

> **总结**
>
> 　　男人晚年，其性别特质趋向雌雄同体的和谐。这种变化不会削弱他们身为男性的认同，反而使他们的男性魅力在岁月洗礼下更显丰富。成熟的男人在晚年时，其男性魅力不仅保持着坚韧与决断，更融入了细腻与包容，晚年的他们，性别意识与男性魅力共存，相得益彰。

父子之间的裂痕

儿子在母亲去世后,帮老父亲卖掉了房子,并送他去了老年公寓。

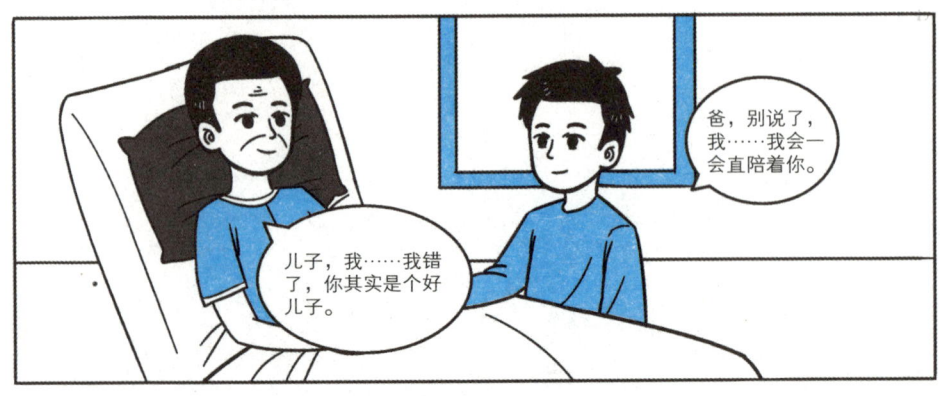

老年期后期：
共同面对生命的终点

在岁月的长河中，那些历经风霜、白发苍苍的父亲们，在生命即将画上句号的时刻，常常沉思着自己能够留下的东西。他们回望过去，不仅看见了自己的人生轨迹，更看见了他们如何成为儿子成长道路上的坚强后盾。

这些父亲们，他们或许曾是家庭的顶梁柱，是儿子心中的英雄。他们用自己的双手，为儿子撑起了一片天，用

智慧和勇气，帮助儿子跨越了一个又一个难关。无论是身体上的病痛，还是心理上的困扰，抑或是情感上的纠葛，父亲们总是站在儿子的身边，给予他们最坚定的支持和最温暖的安慰。

在这个过程中，父亲们不仅实现了自我价值，更让自己的生命在儿子身上得到了延续。他们知道，即使有一天自己离开

了这个世界，他们的精神、他们的爱、他们的教诲，都会永远地活在儿子的心中。

对于父亲来说，通过和儿子的相互参与和共同成长，他们感受到了生命的无限可能。他们知道，自己并没有真正地死去，因为他们的精神永远活在儿子的记忆里，他们的爱永远陪伴在儿子的身边。这种父子之间的情感纽带，不仅让父亲们感受到了生命的价值，更让他们的人生充满了意义。

父亲离世的哀思（一）

当父亲深知自己的儿子能从他的人生经历中汲取智慧，成为他精神和品质的传承者时，这位父亲或许能获得超越死亡之恐惧的力量。对儿子而言，与父亲的告别并非仅仅是一个葬礼和送别的仪式那么简单，而是一个深远而持久的内在旅程。

许多儿子会发现,在父亲离世之后,他们仍肩负着许多责任:他们需要深入内心,去认识和理解父亲在自己生命中的存在方式,以及他们所继承的宝贵遗产。

这个内在的探索过程,不仅是对父亲生命的缅怀,更是儿子自我成长和与父亲和解的重要时刻。随着儿子对自己和已故父亲的理解与接纳的

加深，他们会在父亲故去之后，继续与父亲的精神相连，实现真正的和解。这个过程既是对父亲的纪念，也是儿子自我发现和成长的开始。

当父亲离世后，中年儿子瞬间被赋予了"家中长者"的角色，这一地位的巨大转变无疑是对他早年内化父亲形象的深刻挑战。这一转变迫使他不得不重新审视"分离"这一深刻的主题，思考自己与父亲之间的关系，以及自己如何承担起家庭新的责任。

与此同时，中年儿子还需面对与母亲关系的微妙变化。特别是在母亲失去伴侣、步入寡居生活之后，她的情感和心理需求可能会变得更加复杂和迫切。儿子需要更加细心地聆听母亲的心声，提供必要的支持和陪伴，帮助她度过这段艰难的时期。

这个过程中,儿子可能会发现,与父亲的分离并不意味着他完全失去了与父亲的联系,而是通过一种更成熟、更理性的方式,继续与父亲的精神相连。同时,与母亲的深入交流和互动也会让他更加理解母亲的内心世界,进一步巩固家庭的情感纽带。

父亲离世的哀思(二)

在儿子承担起照顾年迈母亲的责任时,那些与身体亲密相关的焦虑、曾经未解决的愤怒等过去的发展问题,会不可避免地再次被激活。这些长期被埋藏的情感、冲动和

幻想,在儿子与母亲"单独"相处的情境中,开始逐渐浮出水面。

面对这种情境,儿子需要勇敢地面对自己内心深处的这些议题。与当初和父亲互换角色相似,他现在也需要重新审视和母亲之间的关系,特别是那些过去未曾妥善处理的问题。这个过程可能会带来挑战和痛苦,但也是儿子成长和领悟的宝贵机会。

健康父子关系所蕴含的力量,在于它能为个体提供超越生死界限的安慰与勇气。当父子之间不存在根深蒂固的矛盾冲突时,儿子在面临父亲离世的悲痛时,能够更自然地流露情感,接受这一生命的重大变迁。

若儿子能够坦诚地面对自己对父亲的复杂情感——包括愤怒、憎恨,以及深深的爱与关怀——他便能更深入地认识到与父亲之间那不可割舍的情感联结。这种自我认知的过程,将帮助他整合内心的矛盾情感,从而以更加成熟和坚强的姿态继续前行,活出自己的色彩。

然而,当健康的悲恸和哀悼未能自然展开时,往往源于儿子对父亲的极端情感。有时,儿子可能因过度深爱父亲,以至于难以直面和表达内心的愤怒和其他负面情感;而在另一些情况下,儿子可能因为对父亲的深深憎恨,而无法坦然流露对逝去亲人的爱和怜悯。

在这种情况下,儿子可能会长时间地沉溺于丧亲之痛中,难以自拔。他既不能充分地哀悼父亲的离去,也难以真正放下过去，向前看。这种持续的悲痛和内疚可能导致儿子陷入自我谴责的循环中，丧失正常的生活功能。

更糟糕的是，这种未处理的情感可能会让已故父亲的影子长久地留在儿子的内心，特别是如果父亲生前是一个挑剔且严厉的人。儿子可能会不断受到这些记忆的影响，仿佛父亲的批评和指责仍然如影随形，导致他不断地自我攻击，难以找到内心的平静和安宁。

当父子关系足够深厚和融洽时，儿子能够以爱为基础，更加理智和成熟地面对对父亲的失望。他会在心中保留一份希望，认为即使父亲有过失败，这些错误也值得被理解和宽恕。在这样的情境下，哀悼过程会自然展开，儿子会经历悲伤、失落、愤怒、爱和感激等情感阶段。

❖ 父亲离世的哀思（三）

通过这个过程，儿子能够逐步接受父亲的离去，并在内心深处为父亲留下一个特殊的位置。他会在自己的生活中继续秉持父亲所传递的价值观和精神，将父亲的影响融入自己的成长和发展中。最终，儿子将能够以更加成熟和宽广的胸怀，让父亲在精神上真正地离去，同时保留一份深深的怀念和感激。

总结

　　在人生的最后阶段,智者会意识到,每个人都会被赋予反思的机会,去承认并整合生命中那些微妙而丰富的转变。他们会珍视这些转变,因为它们构成了人生的多彩画卷。同时,他们也会接受生命的轮回性,明白虽然肉体终将消逝,但精神与智慧却能永存。这种连绵不绝的父性所蕴含的希望,常常成为父亲赠予儿子的最后,也是最为珍贵和伟大的礼物。

结语：
父爱的永恒影响

整本书的阅读，引领我们一同回顾了父亲与儿子跨越生死的完整人生历程。不论父子是否同行，在生命的每一个重要节点，他们都是彼此不可或缺的支撑。我坚信，当父亲与儿子能够持续地在彼此的生活中留下印记，彼此影响、相互扶持，他们都将有机会深刻领悟"何为真正的完整男人"。

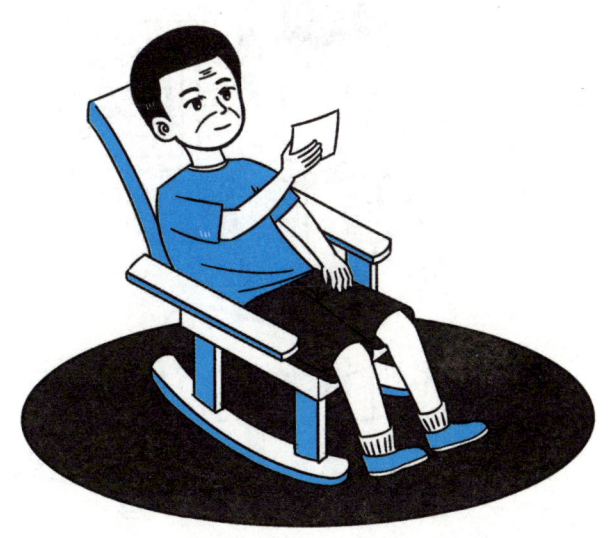

在更为深沉的层面,我也希望大家能借此机会,仔细梳理并概念化自己生命中的每一个阶段。从童年的无知到青年的探索,再到中年的成熟与晚年的沉淀,每个阶段都有其独特的意义与影响。

许多智者，包括作家、哲学家和思想家，都曾深入剖析过人生的各个阶段，试图解读每个阶段的特性，以及它们如何塑造我们的人生观、价值观。这些研究不仅为我们提供了宝贵的洞见，也鼓励我们更加珍视生命中的每一个瞬间，理解每个阶段的价值与意义。

因此，我希望你能静下心来，回顾并思考自己生命中的每一个阶段，从中汲取力量，为未来的道路指引方向。让我们在人生的旅途中，不断成长，不断领悟，最终成为一个更加完整、更加深邃的自己。

✱ 知子知父，智者之道

在男性漫长而曲折的人生旅途中，他们不可避免地会面临自我审视的时刻，重新考量那些曾深信不疑的人生观

念。这些观念，往往并非坚不可摧，而是随着岁月的流逝而逐渐松动。正如我在书中所述，男性的性别认同也会经历多次挑战和重新定义。

在青春期晚期和成年早期，男性常常以性能力和承受痛苦的能力来塑造自己的男子气概。然而，随着步入成熟期，他们更多地用职业上的成功和养家糊口的能力来衡量自己是否具备男人的特质。到了中老年阶段，男性对男子气概的理解则更为灵活，他们开始用是否成为了一个好父亲，以及是否拥有能够影响后代的繁衍感，来评价自己一生的成就。

在这一转变过程中,男性的内在滋养性和女性特质得到了更充分的融合,从而塑造出更加成熟的男性观念。然而,这些变化并非孤立发生,而是深受外部环境的影响。因此,在本书中,我聚焦于男性生活中至关重要的互动关系——父子关系,来探讨它对男性发展的影响。

父子关系并非一成不变,它在父子双方的共同经历中不断变化。有时,他们彼此靠近,成为彼此的支柱;有时,他们又彼此疏远,各自面对生活的挑战。他们可能时而成为并肩作战的盟友,时而又陷入矛盾的漩涡。但不论父子关系如何演变,这段纽带始终是他们生活中不可或缺的基石。

我写这本书的初衷,旨在引导男性们更深入地理解和参与儿子的成长过程,从而共同构建一个基于爱的父子关系,让彼此在这份关系中持续成长和成熟。事实上,男性教育在人类社会中始终占据着举足轻重的地位。

代际间的情感纽带

男性教育不应仅限于技术和策略的传授,而应构建一个全面的框架,使男性能够发现并珍视孩子的独特性;激发他们自我反思的能力,从而不断学习和成长;培养他们在关键时刻果敢行动,以及不过度干预的智慧;更重要的是,让他们拥有在人生旅途中无论风雨如何,都愿意坚定

陪伴孩子、不轻易退缩的勇气和决心。

父亲洞察儿子独特性的能力,能让他窥见自身潜藏的生命脆弱性。我们生而面对死亡,这是生命的真相。然而,成为父母后,我们对死亡的感知变得更为深刻。

男人成为父亲后,会进入"父亲时间",他们通过孩子来感受时间流转。回顾孩子的过去,关注孩子的现在,展望孩子的未来。自儿子降生,我们便肩负起抚育与指导的重任。面对孩子的成长变化,我们虽有挣扎,但努力与这位既相似又独特的个体建立深厚关系,共同度过人生的每一阶段。

所以男人在凝视自己儿子时,会深刻体验生命的短暂与无常,同时也能洞察到生命的不朽与传承。这种领悟并非仅限于父亲,但身为父亲的男人却拥有难得的机会,在与儿子的相伴中探寻和理解作为男性的真正含义。男性的矛盾特质使育儿过程充满挑战,这要求我们以开放的心态面对未知,并接纳自我及他人身上不可避免的矛盾与冲突。

若男人以父亲角色为核心认同,便能与儿子共同探寻"男子气概"的真谛。这样的男人,在关爱儿子与他人时,无须回避或羞愧,因此无须激烈捍卫其"男子气概"。真正的男性,既珍视情感联结,又注重独立自主;既能接纳自我与他人的脆弱与依赖,又拥有力量、权威和深厚的人际关系。

简而言之，男性化与女性化是流动的连续体，人们可自由游走其间，而非非此即彼的极端。两性及其特质本就相互交织，难以分割。对于男性而言，面对内心世界的这种两极化挑战，可能是最严峻、最直接的，需要学会在平衡中找寻自我。

一个男人难以想象有这样的一生：从紧握初生儿子的手，到目送他上学、驾车、创业、成家，直至他也有了自己的孩子，最终老去。作为父母，我们深知：尽管不舍，终须放手。若遗忘此理，孩子会挣脱束缚，拒绝强加的建议。生命有得有失，悲喜交织。我们见证孩子的成长与离

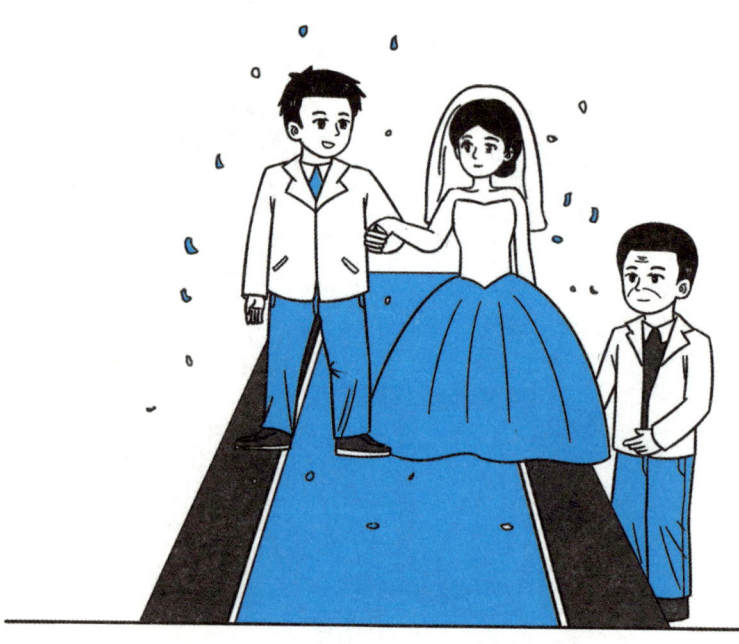

去，这是生命的轮回，也是我们必经的旅程。

当我们紧紧抱着自己的孩子，当他长大成人，迈出家门进行第一次约会时，我们目送他离去。作为父亲，那一刻，我们的思绪飘向未来，又深深怀念起自己的往昔。我们仿佛穿越时空，见到了那个年少的自己，第一次踏入校园，第一次在赛场上取得胜利，第一次感受到爱情的甜蜜，以及第一次凝望着自己刚出生的儿子的那一刻。

在这些回忆的画卷中，除了青涩的自己，还有我们曾经敬爱的父亲的身影，不论他是否仍在世，我们心中与他的对话始终未曾停歇。

✦ 父爱的延续：永恒的遗产

无论前路如何曲折，我们始终怀揣着与孩子们一同前行的决心，正如我们与父亲曾并肩走过的岁月——各自在生命的广阔天地里探索未知，相互扶持，却也独立地追逐着自己的梦想。

失落与哀伤，赞美与感激，挫败与接纳——在父子间共同成长、迈向成熟的道路上，这些情感与心态将变得愈发深沉，也更加能够被内心所接纳。若命运眷顾，每个男性在岁月的沉淀中都将收获一种深沉的智慧：在真挚且充满爱的父子纽带中，父亲与儿子都能更加深刻地理解生命的循环不息与不断进化的真谛。

如此，父亲通过陪伴孩子的成长，得以触摸到生命的永恒。每一次，父亲温柔地执起孩子的手，传递着爱与力量；每一次，父亲又坚定地放开他的手，鼓励他独立前行。在这一过程中，父亲赠予了孩子一份无法估量的财富——独立与成长的力量。

即使父亲离世，儿子依然会铭记自己的儿子身份，父亲生前的影响将永远镌刻在他的心间，成为他前行路上的灯塔。这份身份认同与父爱的延续，是父亲留给儿子的最宝贵的遗产，将伴随他一生，不断照亮他的人生道路。

总结

　　总之,父亲的一言一行对后代影响深远,成为家族传承的宝贵财富。父亲的故事,生前身后皆被铭记传颂。每当重温这些故事,儿子与父亲的情感纽带愈发紧密,深刻感受到父亲在生命中的重要地位。这份影响与记忆,伴随着儿子的成长,成为他生命中不可或缺的一部分。